중식 일식 복어
조리기능사
실기시험문제

저자약력

정 수 빈

한성대학교 대학원(외식경영학) 석사
금정마인드요리&커피학원 원장(현)
국제요리경연대회 심사위원
통일부장관상 수상,
대한민국 조리기능장

저서

핵심콕콕 조리기능사 필기 통합본_크라운출판사
한식조리기능사 필기 7년간 출제문제_크라운출판사
양식조리기능사 필기 7년간 출제문제_크라운출판사

●

박 선 화

경성대학교 대학원(호텔관광외식경영학)박사
마스터요리학원 원장(현)
경성대학교 호텔관광외식경영학과 겸임교수
AF아티산페스티벌 요리분과 심사위원
한국조리협회 우수지도자상
유튜브 "마스터박사부" 채널 운영
대한민국 조리기능장

머리말

우리나라 조리사 자격제도가 시행된 이후 매년 90,000여 명이 시험에 응시하여 25,000여 명이 합격의 기쁨을 누립니다. 중식과 일식조리기능사 자격증 합격률은 한식이나 양식보다 높은 편입니다. 한식조리가 양식조리보다 어렵다고 생각하지만, 연습량과 열정이 있다면 누구나 취득할 수 있으며, 그 자격증은 노력한 만큼의 충분한 실력으로 인정받습니다. 이 교재는 다년간의 현장 경험과 훈련 교사로 임하면서 지도한 경험을 바탕으로 한국산업인력공단에서 주최하는 조리기능사 자격증을 준비하는 수험생을 위한 교재로 집필하였고, 2022년 출제되는 과제별 채점 기준을 꼼꼼하게 체크해서 반영하였으며, 초보자들도 쉽게 학습할 수 있도록 NCS 학습 모듈을 참고하여 조리과정 사진을 많이 올렸습니다. 또한 유튜브채널 "마스터박사부"로 실기강의를 시청할 수 있으며, 영상을 통하여 많은 예비조리인들의 기술습득에 도움이 되려고 노력하였습니다.

이 책이 주는 특별한 비법

1. 차례는 실기 시험 시간 순으로 구성하였습니다.
2. 각 메뉴 별 작업순서대로 조리방법을 제시하였습니다.
3. 각 메뉴 별 팁에서는 요구사항에 맞는 체크포인트를 한 번 더 제시하였습니다.
4. 초보자를 위한 일식 재료 손질방법을 별도로 올렸습니다.
5. 각 메뉴 별 소스사용량을 넣었고 조리과정에서 놓치지 말아야할 부분들은 더 자세한 설명을 넣어 처음 자격증을 접하는 예비조리인들에게도 많은 도움이 되도록 하였습니다.

마지막으로 이 책의 감수를 도와주신 한성대학교 김경자 교수님, 경성대학교 이종호 교수님, 영산대학교 김성훈 교수님께 감사드립니다. 편집과정에서 도움을 주신 마스터요리학원 김태수 조리기능장님과 이유리 과장님, 에듀셰프요리전문학교 박성옥 선생님, 마인드요리&커피학원 김한솔 선생님께도 감사의 마음을 전합니다.

마지막으로 모두 열심히 노력해서 합격의 영광이 있기를 기원합니다. 감사합니다.

저자 일동

CONTENT

- 중식·일식·복어 조리기능사 실기시험 안내 ……………… 8

PART 01 중식조리기능사 실기시험

【중식조리기능사 실기이론】……………… 22

【중식조리기능사 실기】

01. 오징어 냉채 ……………………………… 30
02. 해파리 냉채 ……………………………… 34
03. 부추잡채 ………………………………… 38
04. 고추잡채 ………………………………… 42
05. 빠스고구마 ……………………………… 48
06. 빠스옥수수 ……………………………… 50
07. 채소볶음 ………………………………… 54
08. 난자완스 ………………………………… 58
09. 새우케찹볶음 …………………………… 62
10. 마파두부 ………………………………… 66

11. 경장육사 70
12. 유니짜장면 74
13. 울면 78
14. 새우볶음밥 82
15. 탕수육 86
16. 탕수생선살 90
17. 라조기 94
18. 깐풍기 98
19. 홍쇼두부 102
20. 양장피잡채 106

CONTENT

PART 02 일식조리기능사 실기시험

【일식조리기능사 실기이론】 ····· 112

【일식조리기능사 실기시험 기초과정】 ····· 120

【일식조리기능사 실기】

01. 참치김초밥 ····· 130
02. 된장국 ····· 134
03. 문어초회 ····· 138
04. 해삼초회 ····· 142
05. 갑오징어 명란무침 ····· 146
06. 소고기 간장구이 ····· 150
07. 대합 맑은국 ····· 156
08. 김초밥 ····· 158
09. 전복버터구이 ····· 162
10. 달걀말이 ····· 166
11. 도미머리 맑은국 ····· 170
12. 도미조림 ····· 174
13. 소고기 덮밥 ····· 178
14. 우동볶음 ····· 182

15. 메밀국수 186
16. 삼치소금구이 190
17. 도미술찜 194
18. 달걀찜 198
19. 생선초밥 202

PART 03 복어조리기능사 실기시험

【복어조리기능사 실기시험 기초과정】 210

【복어조리기능사 실기】

01. 복어부위별감별 214
02. 복어회, 복어껍질초회, 복어죽 216
   (1) 복어회 218
   (2) 복어껍질초회 220
   (3) 복어죽 224

부록 _ 핵심 요약집

복어조리기능사 실기시험의 출제기준은 크라운출판사 홈페이지(https://crownbook.co.kr)에 접속하셔서 다운받으실 수 있습니다.

수험자 유의사항(실기)

실기시험 안내

(작업형 실기시험)

1. 수험자지참준비물을 반드시 확인 후 준비해 오셔야 응시 가능합니다.
2. 수험자는 시험위원의 지시에 따라야 하며 시험실 출입 시 부정한 물품 소지여부 확인을 위해 시험위원의 검사를 받아야 합니다.
3. 시험시간 중 전자·통신기기를 비롯한 불허물품 소지가 적발되는 경우 퇴실조치 및 당해시험은 무효처리 됩니다.
4. 수험자는 답안 작성 시 검정색 필기구만 사용하여야 합니다.(그 외 연필류, 유색 필기구 등을 사용한 답항은 채점하지 않으며 0점 처리됩니다.)
5. 수험자는 시험시작 전에 지급된 재료의 이상 유무를 확인하고 이상이 있을 경우에는 시험위원으로 부터 조치를 받아야 합니다.(시험시작 후 재료교환 및 추가지급 불가)
6. 수험자는 시험 종료 후 문제지와 작품(답안지)을 시험위원에게 제출하여야 합니다.(단, 문제지 제공 지정종목은 시험 종료 후 문제지를 회수하지 아니함)
7. 복합형(필답형+작업형)으로 시행되는 종목은 전 과정을 응시하지 않는 경우 채점대상에서 제외 됩니다.
8. 다음과 같은 경우는 득점에 관계없이 불합격 처리 합니다.
   - 시험의 일부 과정에 응시하지 아니하는 경우
   - 문제에서 주요 직무내용이라고 고지한 사항을 전혀 해결하지 못하는 경우
   - 시험 중 시설 장비의 조작 또는 재료의 취급이 미숙하여 위해를 일으킬 것으로 시험위원 전원이 합의 하여 판단한 경우
9. 수험자는 시험 중 안전에 특히 유의하여야 하며, 시험장에서 소란을 피우거나 타인의 시험을 방해하는 자는 질서유지를 위해 시험을 중지시키고 시험장에서 퇴장 시킵니다.

(필답형 실기시험)

1. 문제지를 받는 즉시 응시 종목의 문제가 맞는지 확인하셔야 합니다.
2. 답안지 내 인적사항 및 답안작성(계산식 포함)은 검정색 필기구만을 계속 사용하여야 합니다.
3. 답안정정 시에는 두 줄(=)을 긋고 다시 기재 가능하며, 두 줄로 긋지 않은 답안은 정정하지 않은 것으로 간주합니다.(수정테이프(액)는 사용불가)
4. 계산문제는 반드시 '계산과정'과 '답'란에 정확히 기재하여야 하며 계산과정이 틀리거나 없는 경우 0점 처리됩니다.

※ 연습이 필요 시 연습란을 이용하여야 하며, 연습란은 채점대상이 아닙니다.

5. 계산문제는 최종결과 값(답)에서 소수 셋째자리에서 반올림하여 둘째 자리까지 구하여야 하나 개별 문제에서 소수처리에 대한 별도 요구사항이 있을 경우, 그 요구사항에 따라야 합니다.
6. 답에 단위가 없으면 오답으로 처리됩니다.(단, 문제의 요구사항에 단위가 주어졌을 경우는 생략되어도 무방합니다)
7. 문제에서 요구한 가지 수 이상을 답란에 표기한 경우, 답란기재 순으로 요구한 가지 수만 채점합니다.

실기시험 안내

수험자 준비물

번호	재료명	규격	수량	단위	비고
1	가위		1	EA	
2	강판		1	EA	
3	계량스푼		1	EA	
4	계량컵		1	EA	
5	국대접	기타 유사품 포함	1	EA	
6	국자		1	EA	
7	냄비		1	EA	시험장에도 있음
8	도마	흰색 또는 나무도마	1	EA	
9	뒤집게		1	EA	
10	랩		1	EA	
11	면보		1	장	
12	밀대		1	EA	
13	밥공기		1	EA	
14	볼(bowl)		1	EA	
15	비닐팩		1	장	
16	상비의약품		1	EA	
17	석쇠		1	EA	
18	쇠조리(혹은 체)		1	EA	
19	숟가락		1	EA	
20	앞치마	흰색(남, 녀공용)	1	EA	착용하지 않을 경우 채점대상에서 제외
21	위생모 또는 머리수건	흰색	1	EA	
22	위생복	상의-긴소매 흰색바지-색상무관	1	벌	
23	이쑤시개		1	EA	
24	접시		1	EA	
25	젓가락		1	EA	
26	종이컵		1	EA	
27	종지		1	EA	
28	주걱		1	EA	
29	집게		1	EA	
30	칼		1	EA	눈금표시칼 사용 불가
31	호일		1	EA	
32	프라이팬		1	EA	시험장에도 있음
33	위생타올		1	장	

※ 지참준비물의 수량은 최소 필요수량으로 수험자가 필요시 추가지참 가능
※ 모든 조리기구에 눈금표시 사용 허용
※ 지참준비물은 일반적인 조리용을 의미하며, 기관명, 이름 등 표시가 없는 것
※ 지참준비물 중 수험자 개인에 따라 과제를 조리하는데 불필요한 조리기구는 지참하지 않아도 됨
※ 지참준비물 목록에는 없으나 조리에 직접 사용되지 않는 조리 주방용품(예, 수저통 등)은 지참가능
※ 수험자지참준비물 이외의 조리기구를 사용할 경우 채점대상에서 제외(실격)됨
※ 개인위생상태 세부기준은 큐넷 - 자료실 - 공개문제에 공지된 "개인위생상태 및 안전 관리 세부기준"을 참조하시기 바람

위생상태 및 안전관리 세부기준 안내

순번	구분	세부기준
1	위생복 상의	• 전체 흰색, 손목까지 오는 긴소매 　- 조리과정에서 발생 가능한 안전사고(화상 등) 예방 및 식품위생(체모 유입방지, 오염도 확인 등) 관리를 위한 기준 적용 　- 조리과정에서 편의를 위해 소매를 접어 작업하는 것은 허용 　- 부직포, 비닐 등 화재에 취약한 재질이 아닐 것, 팔토시는 긴팔로 불인정 • 상의 여밈은 위생복에 부착된 것이어야 하며 벨크로(일명 찍찍이), 단추 등의 크기, 색상, 모양, 재질은 제한하지 않음(단, 핀 등 별도 부착한 금속성은 제외)
2	위생복 하의	• 색상 재질무관, 안전과 작업에 방해가 되지 않는 긴바지 　- 조리기구 낙하, 화상 등 안전사고 예방을 위한 기준 적용
3	위생모	• 전체 흰색, 빈틈이 없고 바느질 마감처리가 되어 있는 일반 조리장에서 통용되는 위생모(모자의 크기, 길이, 모양, 재질(면 · 부직포 등) 은 무관)
4	앞치마	• 전체 흰색, 무릎아래까지 덮이는 길이 　- 상하일체형(목끈형) 가능, 부직포 · 비닐 등 화재에 취약한 재질이 아닐 것
5	마스크	• 침액을 통한 위생상의 위해 방지용으로 종류는 제한하지 않음(단, 감염병 예방법에 따라 마스크 착용 의무화 기간에는 '투명 위생 플라스틱 입가리개' 는 마스크 착용으로 인정하지 않음)
6	위생화(작업화)	• 색상 무관, 굽이 높지 않고 발가락 · 발등 · 발뒤꿈치가 덮여 안전사고를 예방할 수 있는 깨끗한 운동화 형태
7	장신구	• 일체의 개인용 장신구 착용 금지(단, 위생모 고정을 위한 머리핀 허용)
8	두발	• 단정하고 청결할 것, 머리카락이 길 경우 흘러내리지 않도록 머리망을 착용하거나 묶을 것
9	손/손톱	• 손에 상처가 없어야하나, 상처가 있을 경우 보이지 않도록 할 것(시험위원 확인 하에 추가 조치 가능) • 손톱은 길지 않고 청결하며 매니큐어, 인조손톱 등을 부착하지 않을 것
10	폐식용유 처리	• 사용한 폐식용유는 시험위원이 지시하는 적재장소에 처리할 것
11	교차오염	• 교차오염 방지를 위한 칼, 도마 등 조리기구 구분 사용은 세척으로 대신하여 예방할 것 • 조리기구에 이물질(예, 테이프)을 부착하지 않을 것
12	위생관리	• 재료, 조리기구 등 조리에 사용되는 모든 것은 위생적으로 처리하여야 하며, 조리용으로 적합한 것일 것
13	안전사고 발생 처리	• 칼 사용(손 빔) 등으로 안전사고 발생 시 응급조치를 하여야하며, 응급조치에도 지혈이 되지 않을 경우 시험진행 불가
14	부정 방지	• 위생복, 조리기구 등 시험장내 모든 개인물품에는 수험자의 소속 및 성명 등의 표식이 없을 것(위생복의 개인 표식 제거는 테이프로 부착 가능)
15	테이프사용	• 위생복 상의, 앞치마, 위생모의 소속 및 성명을 가리는 용도로만 허용

※ 위 내용은 안전관리인증기준(HACCP) 평가(심사) 매뉴얼, 위생등급 가이드라인 평가 기준 및 시행상의 운영사항을 참고하여 작성된 기준입니다.

중식, 일식, 복어 조리기능사 출제기준 안내

중식출제기준(실기)

| 직무 분야 | 음식서비스 | 중직무분야 | 조리 | 자격종목 | 중식조리기능사 | 적용기간 | 2023.1.1. ~ 2025.12.31. |

○ **직무내용**: 중식메뉴 계획에 따라 식재료를 선정, 구매, 검수, 보관 및 저장하며 맛과 영양을 고려하여 안전하고 위생적으로 음식을 조리하고 조리기구와 시설관리를 수행하는 직무이다.

○ **수행준거**:
1. 중식조리작업 수행에 필요한 위생관련지식을 이해하고 주방의 청결상태와 개인위생·식품위생을 관리하여 전반적인 조리작업을 위생적으로 수행 할 수 있다.
2. 중식 기초 조리작업 수행에 필요한 조리 기능 익히기를 활용할 수 있다.
3. 적합한 식재료를 절이거나 무쳐서 요리에 곁들이는 음식을 조리할 수 있다.
4. 육류나 가금류 채소류를 이용하여 끓이거나 양념류와 향신료를 배합하여 조리할 수 있다.
5. 육류 갑각류 어패류 채소류 두부류 재료 특성을 이해하고 손질하여 기름에 튀겨 조리 할 수 있다.
6. 육류 생선류 채소류 두부에 각종 양념과 소스를 이용하여 조림을 할 수 있다.
7. 쌀로 지은 밥을 이용하여 각종 밥 요리를 할 수 있다.
8. 밀가루의 특성을 이해하고 반죽하여 면을 뽑아 각종 면 요리를 할 수 있다.

| 실기검정방법 | 작업형 | 시험시간 | 70분 정도 |

실기과목명	주요항목	세부항목	세세항목
중식 조리 실무	1. 음식 위생관리	1. 개인위생 관리하기	1. 위생관리기준에 따라 조리복, 조리모, 앞치마, 조리안전화 등을 착용할 수 있다 2. 두발, 손톱, 손 등 신체청결을 유지하고 작업수행 시 위생습관을 준수할 수 있다. 3. 근무 중의 흡연, 음주, 취식 등에 대한 작업장 근무수칙을 준수할 수 있다. 4. 위생관련법규에 따라 질병, 건강검진 등 건강상태를 관리하고 보고할 수 있다.
		2. 식품위생 관리하기	1. 식품의 유통기한·품질 기준을 확인하여 위생적인 선택을 할 수 있다. 2. 채소·과일의 농약 사용여부와 유해성을 인식하고 세척할 수 있다. 3. 식품의 위생적 취급기준을 준수할 수 있다. 4. 식품의 반입부터 저장, 조리과정에서 유독성, 유해물질의 혼입을 방지할 수 있다.
		3. 주방위생 관리하기	1. 주방 내에서 교차오염 방지를 위해 조리생산 단계별 작업공간을 구분하여 사용할 수 있다. 2. 주방위생에 있어 위해요소를 파악하고, 예방할 수 있다. 3. 주방, 시설 및 도구의 세척, 살균, 해충·해서 방제작업을 정기적으로 수행할 수 있다. 4. 시설 및 도구의 노후상태나 위생상태를 점검하고 관리할 수 있다. 5. 식품이 조리되어 섭취되는 전 과정의 주방 위생 상태를 점검하고 관리할 수 있다. 6. HACCP적용업장의 경우 HACCP관리기준에 의해 관리할 수 있다.
	2. 음식 안전관리	1. 개인안전 관리하기	1. 안전관리 지침서에 따라 개인 안전관리 점검표를 작성할 수 있다. 2. 개인안전사고 예방을 위해 도구 및 장비의 정리정돈을 상시할 수 있다. 3. 주방에서 발생하는 개인 안전사고의 유형을 숙지하고 예방을 위한 안전수칙을 지킬 수 있다. 4. 주방 내 필요한 구급품이 적정 수량 비치되었는지 확인하고 개인 안전 보호 장비를 정확하게 착용하여 작업할 수 있다. 5. 개인이 사용하는 칼에 대해 사용안전, 이동안전, 보관안전을 수행할 수 있다. 6. 개인의 화상사고, 낙상사고, 근육팽창과 골절사고, 절단사고, 전기기구에 인한 전기쇼크 사고, 화재사고와 같은 사고 예방을 위해 주의사항을 숙지하고 실천할 수 있다. 7. 개인 안전사고 발생 시 신속 정확한 응급조치를 실시하고 재발 방지 조치를 실행할 수 있다.

중식, 일식, 복어 조리기능사 출제기준 안내

실기과목명	주요항목	세부항목	세세항목
중식 조리 실무		2. 장비 도구 안전작업하기	1. 조리장비 도구에 대한 종류별 사용방법에 대해 주의사항을 숙지할 수 있다. 2. 조리장비 도구를 사용 전 이상 유무를 점검할 수 있다. 3. 안전 장비 류 취급 시 주의사항을 숙지하고 실천할 수 있다. 4. 조리장비 도구를 사용 후 전원을 차단하고 안전수칙을 지키며 분해하여 청소할 수 있다. 5. 무리한 조리장비 도구 취급은 금하고 사용 후 일정한 장소에 보관하고 점검할 수 있다. 6. 모든 조리장비 도구는 반드시 목적 이외의 용도로 사용하지 않고 규격품을 사용할 수 있다.
		3. 작업환경 안전관리하기	1. 작업환경 안전관리 시 작업환경 안전관리 지침서를 작성할 수 있다. 2. 작업환경 안전관리 시 작업장 주변 정리 정돈 등을 관리 점검할 수 있다. 3. 작업환경 안전관리 시 제품을 제조하는 작업장 및 매장의 온·습도관리를 통하여 안전사고요소 등을 제거할 수 있다. 4. 작업장 내의 적정한 수준의 조명과 환기, 이물질, 미끄럼 및 오염을 방지할 수 있다. 5. 작업환경에서 필요한 안전관리시설 및 안전용품을 파악하고 관리할 수 있다. 6. 작업환경에서 화재의 원인이 될 수 있는 곳을 자주 점검하고 화재진압기를 배치하고 사용할 수 있다. 7. 작업환경에서의 유해, 위험, 화학물질을 처리기준에 따라 관리할 수 있다. 8. 법적으로 선임된 안전관리책임자가 정기적으로 안전교육을 실시하고 이에 참여할 수 있다.
	3. 중식 기초 조리실무	1. 기본 칼 기술 습득하기	1. 중국요리의 기본 조리방법의 종류와 조리원리를 이해할 수 있다. 2. 식재료 종류에 맞는 건열조리를 할 수 있다. 3. 식재료 종류에 맞는 습열조리를 할 수 있다. 4. 식재료 종류에 맞는 복합가열조리를 할 수 있다. 5. 식재료 종류에 맞는 비가열조리를 할 수 있다.
		2. 기본 기능 습득하기	1. 조리기물의 종류 및 용도에 대하여 이해하고 습득할 수 있다. 2. 조리에 필요한 조리도구를 사용하고 종류별 특성에 맞게 적용할 수 있다. 3. 계량법을 이해하고 활용할 수 있다. 4. 채소에 대하여 전처리 방법을 이해하고 처리할 수 있다. 5. 어패류에 대하여 전처리 방법을 이해하고 처리할 수 있다. 6. 육류에 대하여 전처리 방법을 이해하고 처리할 수 있다. 7. 중식조리의 요리별 육수 및 소스를 용도에 맞게 만들 수 있다. 8. 중식 조리작업에 사용한 조리도구와 주방을 정리 정돈할 수 있다.
		3. 기본 조리법 습득하기	1. 중국요리의 기본 조리방법의 종류와 조리원리를 이해할 수 있다. 2. 식재료 종류에 맞는 건열조리를 할 수 있다. 3. 식재료 종류에 맞는 습열조리를 할 수 있다. 4. 식재료 종류에 맞는 복합가열조리를 할 수 있다. 5. 식재료 종류에 맞는 비가열조리를 할 수 있다.
	4. 중식 절임 · 무침조리	1. 절임 · 무침 준비하기	1. 곁들임 요리에 필요한 절임 양과 종류를 선택할 수 있다. 2. 곁들임 요리에 필요한 무침의 양과 종류를 선택할 수 있다. 3. 표준 조리법에 따라 재료를 전처리하여 사용할 수 있다.
		2. 절임류 만들기	1. 재료의 특성에 따라 절임을 할 수 있다. 2. 절임 표준조리법에 준하여 산도, 염도 및 당도를 조절할 수 있다. 3. 절임의 용도에 따라 절임 기간을 조절할 수 있다.
		3. 무침류 만들기	1. 메뉴 구성을 고려하여 무침 류 재료를 선택할 수 있다. 2. 무침 용도에 적합하게 재료를 썰 수 있다. 3. 무침 재료의 종류에 따라 양념하여 무칠 수 있다.

실기과목명	주요항목	세부항목	세세항목
중식 조리 실무	4. 중식 절임 · 무침조리	4. 절임 보관 · 무침 완성하기	1. 절임류를 위생적으로 안전하게 보관할 수 있다. 2. 무침류를 위생적으로 안전하게 보관할 수 있다. 3. 절임이나 무침을 담을 접시를 선택할 수 있다.
	5. 중식 육수 · 소스 조리	1. 육수 · 소스 준비하기	1. 육수의 종류에 따라서 도구와 재료를 준비할 수 있다. 2. 소스의 종류에 따라서 도구와 재료를 준비할 수 있다. 3. 필요에 맞도록 양념류와 향신료를 준비할 수 있다. 4. 가공 소스류를 특성에 맞게 준비할 수 있다.
		2. 육수 · 소스 만들기	1. 육수 재료를 손질할 수 있다. 2. 육수와 소스의 종류와 양에 맞는 기물을 선택할 수 있다. 3. 소스 재료를 손질하여 전 처리할 수 있다. 4. 육수 표준조리법에 따라서 끓이는 시간과 화력의 강약을 조절할 수 있다. 5. 소스 표준조리법에 따라서 향, 맛, 농도, 색상의 정도를 조절할 수 있다.
		3. 육수 · 소스 완성 보관하기	1. 육수를 필요에 따라 사용할 수 있는 상태로 보관할 수 있다. 2. 소스를 필요에 따라 사용할 수 있는 상태로 보관할 수 있다. 3. 메뉴선택에 따라 육수와 소스를 다시 끓여 사용할 수 있다.
	6. 중식 튀김조리	1. 튀김 준비하기	1. 튀김의 특성을 고려하여 적합한 재료를 선정할 수 있다. 2. 각 재료를 튀김의 종류에 맞게 준비할 수 있다. 3. 튀김의 재료에 따라 온도를 조정할 수 있다.
		2. 튀김 조리하기	1. 재료를 튀김요리에 맞게 썰 수 있다. 2. 용도에 따라 튀김옷 재료를 준비할 수 있다. 3. 조리재료에 따라 기름의 종류, 양과 온도를 조절할 수 있다. 4. 재료 특성에 맞게 튀김을 할 수 있다. 5. 사용한 기름의 재사용 또는 폐기를 위한 처리를 할 수 있다.
		3. 튀김 완성하기	1. 튀김요리의 종류에 따라 그릇을 선택할 수 있다. 2. 튀김요리에 어울리는 기초 장식을 할 수 있다. 3. 표준조리법에 따라 색깔, 맛, 향, 온도를 고려하여 튀김요리를 담을 수 있다.
	7. 중식 조림조리	1. 조림 준비하기	1. 조림의 특성을 고려하여 적합한 재료를 선정할 수 있다. 2. 각 재료를 조림의 종류에 맞게 준비할 수 있다. 3. 조림의 종류에 맞게 도구를 선택할 수 있다.
		2. 조림 조리하기	1. 재료를 각 조림요리의 특성에 맞게 손질할 수 있다. 2. 손질한 재료를 기름에 익히거나 물에 데칠 수 있다. 3. 조림조리를 위해 화력을 강약으로 조절할 수 있다. 4. 조림에 따라 양념과 향신료를 사용할 수 있다. 5. 조림요리 특성에 따라 전분으로 농도를 조절하여 완성할 수 있다.
		3. 조림 완성하기	1. 조림 요리의 종류에 따라 그릇을 선택할 수 있다. 2. 조림 요리에 어울리는 기초 장식을 할 수 있다. 3. 표준조리법에 따라 색깔, 맛, 향, 온도를 고려하여 조림요리를 담을 수 있다. 4. 도구를 사용하여 적합한 크기로 요리를 잘라 제공할 수 있다.
	8. 중식 밥 조리	1. 밥 준비하기	1. 필요한 쌀의 양과 물의 양을 계량할 수 있다. 2. 조리방식에 따라 여러 종류의 쌀을 이용할 수 있다. 3. 계량한 쌀을 씻고 일정 시간 불려둘 수 있다.
		2. 밥 짓기	1. 쌀의 종류와 특성, 건조도에 따라 물의 양을 가감할 수 있다. 2. 표준조리법에 따라 필요한 조리 기구를 선택하여 활용할 수 있다. 3. 주어진 일정과 상황에 따라 조리 시간과 방법을 조정할 수 있다. 4. 표준조리법에 따라 화력의 강약을 조절하여 가열시간 조절, 뜸들이기를 할 수 있다. 5. 메뉴종류에 따라 보온 보관 및 재 가열을 실시할 수 있다.

중식, 일식, 복어 조리기능사 출제기준 안내

실기과목명	주요항목	세부항목	세세항목
중식 조리 실무		3. 요리별 조리하여 완성하기	1. 메뉴에 따라 볶음요리와 튀김요리를 곁들여 조리할 수 있다. 2. 화력의 강약을 조절하여 볶음밥을 조리할 수 있다. 3. 메뉴 구성을 고려하여 소스(짜장소스)와 국물(계란 국물 또는 짬뽕 국물)을 곁들여 제공할 수 있다. 4. 메뉴에 따라 어울리는 기초 장식을 할 수 있다.
	9. 중식 면 조리	1. 면 준비하기	1. 면의 특성을 고려하여 적합한 밀가루를 선정할 수 있다. 2. 면 요리 종류에 따라 재료를 준비할 수 있다. 3. 면 요리 종류에 따라 도구·제면기를 선택할 수 있다.
		2. 반죽하여 면 뽑기	1. 면의 종류에 따라 적합하게 반죽하여 숙성할 수 있다. 2. 면 요리에 따라 수타면과 제면기를 이용하여 면을 뽑을 수 있다. 3. 면 요리에 따라 면의 두께를 조절할 수 있다.
		3. 면 삶아 담기	1. 면의 종류와 양에 따라 끓는 물에 삶을 수 있다. 2. 삶은 면을 찬물에 헹구어 면을 탄력 있게 할 수 있다. 3. 메뉴에 따라 적합한 그릇을 선택하여 차거나 따뜻하게 담을 수 있다
		4. 요리별 조리하여 완성하기	1. 메뉴에 따라 소스나 국물을 만들 수 있다. 2. 요리별 표준조리법에 따라 색깔, 맛, 향, 온도, 농도, 국물의 양을 고려하여 소스나 국물을 담을 수 있다. 3. 메뉴에 따라 어울리는 기초 장식을 할 수 있다.
	10. 중식 냉채조리	1. 냉채 준비하기	1. 선택된 메뉴를 고려하여 냉채요리를 선정할 수 있다. 2. 냉채조리의 특성과 성격을 고려하여 재료를 준비할 수 있다. 3. 재료를 계절과 재료 수급 등 냉채요리 종류에 맞추어 손질할 수 있다.
		2. 기초 장식 만들기	1. 요리에 따른 기초 장식을 선정할 수 있다. 2. 재료의 특성을 고려하여 기초 장식을 만들 수 있다. 3. 만들어진 기초 징식을 보관·관리할 수 있다.
		3. 냉채 조리하기	1. 무침·데침·찌기·삶기·조림·튀김·구이 등의 조리방법을 표준조리법에 따라 적용할 수 있다. 2. 해산물, 육류, 가금류, 채소, 난류 등 냉채의 일부로서 사용되는 재료를 표준조리법에 따른 적합한 소스를 선택하여 조리할 수 있다. 3. 냉채 종류에 따른 적합한 소스를 선택하여 조리할 수 있다. 4. 숙성 및 발효가 필요한 소스를 조리할 수 있다.
		4. 냉채 완성하기	1. 전체 식단의 양과 구성을 고려하여 제공하는 양을 조절할 수 있다. 2. 냉채요리의 모양새와 제공 방법을 고려하여 접시를 선택할 수 있다. 3. 숙성 시간과 온도, 선도를 고려하여 요리를 담아낼 수 있다. 4. 냉채요리에 어울리는 기초 장식을 사용할 수 있다.
	11. 중식 볶음조리	1. 볶음 준비하기	1. 볶음의 특성을 고려하여 적합한 재료를 선정할 수 있다. 2. 볶음 방법에 따른 조리용 매개체(물, 기름류, 양념류)를 이용하고 선정할 수 있다. 3. 각 재료를 볶음의 종류에 맞게 준비할 수 있다.
		2. 볶음 조리하기	1. 재료를 볶음요리에 맞게 손질할 수 있다. 2. 썰어진 재료를 조리 순서에 맞게 기름에 익히거나 물에 데칠 수 있다. 3. 화력의 강약을 조절하고 양념과 향신료를 첨가하여 볶음요리의 농도를 조절할 수 있다. 4. 메뉴별 표준조리법에 따라 전분을 이용하여 볶음요리의 농도를 조절할 수 있다.
		3. 볶음 완성하기	1. 볶음요리의 종류와 제공방법에 따른 그릇을 선택할 수 있다. 2. 메뉴에 따라 어울리는 기초 장식을 할 수 있다. 3. 메뉴의 표준조리법에 따라 볶음요리를 담을 수 있다

실기과목명	주요항목	세부항목	세세항목
중식 조리 실무	12. 중식 후식 조리	1. 후식 준비하기	1. 주 메뉴의 구성을 고려하여 적합한 후식요리를 선정할 수 있다. 2. 표준조리법에 따라 후식재료를 선택할 수 있다. 3. 소비량을 고려하여 재료의 양을 미리 조정할 수 있다. 4. 재료에 따라 전 처리하여 사용할 수 있다.
		2. 더운 후식류 만들기	1. 메뉴의 구성에 따라 더운 후식의 재료를 준비할 수 있다. 2. 용도에 맞게 재료를 알맞은 모양으로 잘라 준비할 수 있다. 3. 조리재료에 따라 튀김 기름의 종류, 양과 온도를 조절할 수 있다. 4. 재료 특성에 맞게 튀김을 할 수 있다. 5. 알맞은 온도와 시간으로 설탕을 녹여 재료를 버무릴 수 있다.
		3. 찬 후식류 만들기	1. 재료를 후식요리에 맞게 썰 수 있다. 2. 후식류의 특성에 맞추어 조리를 할 수 있다. 3. 용도에 따라 찬 후식류를 만들 수 있다.
		4. 후식류 완성하기	1 후식요리의 종류와 모양에 따라 알맞은 그릇을 선택할 수 있다. 2 표준조리법에 따라 용도에 알맞은 소스를 만들 수 있다. 3. 더운 후식요리는 온도와 시간을 조절하여 만들 수 있다. 4. 후식요리의 종류에 맞춰 담아낼 수 있다.

중식, 일식, 복어 조리기능사 출제기준 안내

일식출제기준(실기)

직무 분야	음식서비스	중직무분야	조리	자격종목	일식조리기능사	적용기간	2023.1.1. ~ 2025.12.31.

○ **직무내용**: 일식메뉴 계획에 따라 식재료를 선정, 구매, 검수, 보관 및 저장하며 맛과 영양을 고려하여 안전하고 위생적으로 음식을 조리하고 조리기구와 시설관리를 수행하는 직무이다.

○ **수행준거**:
1. 위생관련지식을 이해하고 개인위생·식품위생을 관리하고 전반적인 조리작업을 위생적으로 할 수 있다.
2. 일식 기초조리작업 수행에 필요한 칼 다루기, 조리 방법 등 기본적 지식을 이해하고 기능을 익혀 조리업무에 활용할 수 있다.
3. 준비된 식재료에 따라 다양한 양념을 첨가하여 용도에 맞춰 무쳐낼 수 있다.
4. 준비된 맛국물에 주재료를 사용하여 맛과 향을 중요시하게 조리할 수 있다.
5. 다양한 식재료을 이용하여 조림을 할 수 있다.
6. 면 재료를 이용하여 양념, 국물과 함께 제공하여 조리할 수 있다.
7. 식사로 사용되는 밥 짓기, 녹차 밥, 덥밥 류, 죽류를 조리할 수 있다.
8. 손질한 식재료를 혼합 초를 이용하여 초회를 조리할 수 있다.

실기검정방법	작업형	시험시간	1시간 정도

실기과목명	주요항목	세부항목	세세항목
일식 조리 실무	1. 음식 위생관리	1. 개인위생 관리하기	1. 위생관리기준에 따라 조리복, 조리모, 앞치마, 조리안전화 등을 착용할 수 있다 2. 두발, 손톱, 손 등 신체청결을 유지하고 작업수행 시 위생습관을 준수할 수 있다. 3. 근무 중의 흡연, 음주, 취식 등에 대한 작업장 근무수칙을 준수할 수 있다. 4. 위생관련법규에 따라 질병, 건강검진 등 건강상태를 관리하고 보고할 수 있다.
		2. 식품위생 관리하기	1. 식품의 유통기한·품질 기준을 확인하여 위생적인 선택을 할 수 있다. 2. 채소·과일의 농약 사용여부와 유해성을 인식하고 세척할 수 있다. 3. 식품의 위생적 취급기준을 준수할 수 있다. 4. 식품의 반입부터 저장, 조리과정에서 유독성, 유해물질의 혼입을 방지할 수 있다.
		3. 주방위생 관리하기	1. 주방 내에서 교차오염 방지를 위해 조리생산 단계별 작업공간을 구분하여 사용할 수 있다. 2. 주방위생에 있어 위해요소를 파악하고, 예방할 수 있다. 3. 주방, 시설 및 도구의 세척, 살균, 해충·해서 방제작업을 정기적으로 수행할 수 있다. 4. 시설 및 도구의 노후상태나 위생상태를 점검하고 관리할 수 있다. 5. 식품이 조리되어 섭취되는 전 과정의 주방 위생 상태를 점검하고 관리할 수 있다. 6. HACCP적용업장의 경우 HACCP관리기준에 의해 관리할 수 있다.
	2. 음식 안전관리	1. 개인안전 관리하기	1. 안전관리 지침서에 따라 개인 안전관리 점검표를 작성할 수 있다. 2. 개인안전사고 예방을 위해 도구 및 장비의 정리정돈을 상시 할 수 있다. 3. 주방에서 발생하는 개인 안전사고의 유형을 숙지하고 예방을 위한 안전수칙을 지킬 수 있다. 4. 주방 내 필요한 구급품이 적정 수량 비치되었는지 확인하고 개인 안전 보호 장비를 정확하게 착용하여 작업할 수 있다. 5. 개인이 사용하는 칼에 대해 사용안전, 이동안전, 보관안전을 수행 할 수 있다. 6. 개인의 화상사고, 낙상사고, 근육팽창과 골절사고, 절단사고, 전기기구에 인한 전기 쇼크 사고, 화재사고와 같은 사고 예방을 위해 주의사항을 숙지하고 실천할 수 있다. 7. 개인 안전사고 발생 시 신속 정확한 응급조치를 실시하고 재발 방지 조치를 실행할 수 있다.

실기과목명	주요항목	세부항목	세세항목
일식 조리 실무	1. 개인안전 관리하기	2. 장비 도구 안전작업하기	1. 조리장비 도구에 대한 종류별 사용방법에 대해 주의사항을 숙지할 수 있다. 2. 조리장비 도구를 사용 전 이상 유무를 점검할 수 있다. 3. 안전 장비 류 취급 시 주의사항을 숙지하고 실천 할 수 있다. 4. 조리장비 도구를 사용 후 전원을 차단하고 안전수칙을 지키며 분해하여 청소 할 수 있다. 5. 무리한 조리장비 도구 취급은 금하고 사용 후 일정한 장소에 보관하고 점검할 수 있다. 6. 모든 조리장비 도구는 반드시 목적 이외의 용도로 사용하지 않고 규격품을 사용할 수 있다.
		3. 작업환경 안전관리하기	1. 작업환경 안전관리 시 작업환경 안전관리 지침서를 작성할 수 있다. 2. 작업환경 안전관리 시 작업장주변 정리 정돈 등을 관리 점검할 수 있다. 3. 작업환경 안전관리 시 제품을 제조하는 작업장 및 매장의 온·습도관리를 통하여 안전사고요소 등을 제거할 수 있다. 4. 작업장내의 적정한 수준의 조명과 환기, 이물질, 미끄럼 및 오염을 방지할 수 있다. 5. 작업환경에서 필요한 안전관리시설 및 안전용품을 파악하고 관리할 수 있다. 6. 작업환경에서 화재의 원인이 될 수 있는 곳을 자주 점검하고 화재진압기를 배치하고 사용할 수 있다. 7. 작업환경에서의 유해, 위험, 화학물질을 처리기준에 따라 관리할 수 있다. 8. 법적으로 선임된 안전관리책임자가 정기적으로 안전교육을 실시하고 이에 참여할 수 있다.
	3. 일식 기초 조리 실무	1. 기본 칼 기술 습득하기	1. 칼의 종류와 사용용도를 이해 할 수 있다. 2. 기본 썰기 방법을 습득할 수 있다. 3. 조리목적에 맞게 식재료를 썰 수 있다. 4. 칼을 연마하고 관리할 수 있다.
		2. 기본 기능 습득하기	1. 일식 기본양념에 대한 지식을 설명할 수 있다. 2. 일식 곁들임에 대한 지식을 이해하고 습득할 수 있다. 3. 일식 기본 맛국물조리에 대한 지식을 이해하고 습득할 수 있다. 4. 일식 기본 재료에 대한 지식을 이해하고 습득할 수 있다.
		3. 기본 조리방법 습득하기	1. 일식 조리도구의 종류 및 용도에 대하여 이해하고 습득할 수 있다. 2. 계량방법을 습득할 수 있다. 3. 일식 기본 조리법에 대한 지식을 이해하고 습득할 수 있다. 4. 조리 업무 전과 후의 상태를 점검할 수 있다.
	4. 일식 무침조리	1. 무침재료 준비하기	1. 식재료를 기초손질 할 수 있다 2. 무침양념을 준비할 수 있다. 3. 곁들임 재료를 준비할 수 있다.
		2. 무침조리하기	1. 식재료를 전 처리 할 수 있다. 2. 무침양념을 사용할 수 있다. 3. 식재료와 무침양념을 용도에 맞게 무쳐낼 수 있다.
		3. 무침담기	1. 용도에 맞는 기물을 선택할 수 있다. 2. 제공직전에 무쳐낼 수 있다. 3. 색상에 맞게 담아 낼 수 있다.

중식, 일식, 복어 조리기능사 출제기준 안내

실기과목명	주요항목	세부항목	세세항목
일식 조리 실무	5. 일식 국물조리	1. 국물재료 준비하기	1. 주재료를 손질하고 다듬을 수 있다. 2. 부재료를 손질할 수 있다. 3. 향미재료를 손질할 수 있다.
		2. 국물우려내기	1. 물의 온도에 따라 국물재료를 넣는 시점을 조절할 수 있다. 2. 국물재료의 종류에 따라 불의 세기를 조절할 수 있다. 3. 국물재료의 종류에 따라 우려내는 시간을 조절 할 수 있다.
		3. 국물요리조리하기	1. 맛국물을 조리 할 수 있다. 2. 주재료와 부재료를 조리할 수 있다. 3. 향미재료를 첨가하여 국물요리를 완성할 수 있다.
	6. 일식 조림조리	1. 조림재료 준비하기	1. 생선, 어패류, 육류를 재료의 특성에 맞게 손질할 수 있다. 2. 두부, 채소, 버섯류를 재료의 특성에 맞게 손질할 수 있다. 3. 메뉴에 따라 양념장을 준비할 수 있다.
		2. 조림조리하기	1. 재료에 따라 조림양념을 만들 수 있다. 2. 식재료의 종류에 따라 불의 세기와 시간을 조절할 수 있다. 3. 재료의 색상과 윤기가 살아나도록 조릴 수 있다.
		3. 조림담기	1. 조림의 특성에 따라 기물을 선택할 수 있다. 2. 재료의 형태를 유지할 수 있다. 3. 곁들임을 첨가하여 담아 낼 수 있다.
	7. 일식 면류조리	1. 면 재료 준비하기	1. 면류의 식재료를 용도에 맞게 손질할 수 있다. 2. 면 요리에 맞는 부재료와 양념을 준비할 수 있다. 3. 면 요리의 구성에 맞는 기물을 준비할 수 있다.
		2. 면 국물 조리하기	1. 면 요리의 종류에 맞게 맛국물을 조리할 수 있다. 2. 주재료와 부재료를 조리할 수 있다. 3. 향미재료를 첨가하여 면 국물조리를 완성할 수 있다.
		3. 면 조리하기	1. 면 요리의 종류에 맞게 맛국물을 준비할 수 있다. 2. 부재료는 양념하거나 익혀서 준비할 수 있다. 3. 면을 용도에 맞게 삶아서 준비할 수 있다
		4. 면 담기	1. 면 요리의 종류에 따라 그릇을 선택할 수 있다. 2. 양념을 담아 낼 수 있다. 3. 맛국물을 담아 낼 수 있다.
	8. 일식 밥류조리	1. 밥 짓기	1. 쌀을 씻어 불릴 수 있다. 2. 조리법(밥, 죽)에 맞게 물을 조절할 수 있다. 3. 밥을 지어 뜸들이기를 할 수 있다.
		2. (녹차) 밥 조리하기	1. 맛국물을 낼 수 있다. 2. 메뉴에 맞게 기물선택을 할 수 있다. 3. 밥에 맛국물을 넣고 고명을 선택할 수 있다.
		3. 덮밥소스 조리하기	1. 덮밥용 맛국물을 만들 수 있다. 2. 덮밥용 양념간장을 만들 수 있다. 3. 덮밥재료에 따른 소스를 조리하여 덮밥을 만들 수 있다
		4. 덮밥 류 조리하기	1. 덮밥의 재료를 용도에 맞게 손질할 수 있다. 2. 맛국물에 튀기거나 익힌 재료를 넣고 조리할 수 있다. 3. 밥 위에 조리된 재료를 놓고 고명을 곁들일 수 있다.
		5. 죽류 조리하기	1. 맛국물을 낼 수 있다. 2. 용도(쌀, 밥)에 맞게 주재료를 조리 할 수 있다. 3. 주재료와 부재료를 사용하여 죽을 조리할 수 있다.

실기과목명	주요항목	세부항목	세세항목
일식 조리 실무	9. 일식 초회조리	1. 초회재료 준비하기	1. 식재료를 기초손질 할 수 있다. 2. 혼합 초 재료를 준비할 수 있다. 3. 곁들임 양념을 준비할 수 있다.
		2. 초회조리하기	1. 식재료를 전 처리 할 수 있다. 2. 혼합 초를 만들 수 있다. 3. 식재료와 혼합초의 비율을 용도에 맞게 조리할 수 있다.
		3. 초회담기	1. 용도에 맞는 기물을 선택할 수 있다. 2. 제공 직전에 무쳐낼 수 있다. 3. 색상에 맞게 담아낼 수 있다.
	10. 일식 찜조리	1. 찜재료 준비하기	1. 메뉴에 따라 재료의 특성을 살려 손질할 수 있다. 2. 고명, 부재료, 향신료를 조리법에 맞추어 손질할 수 있다. 3. 양념재료를 준비할 수 있다.
		2. 찜 소스 조리하기	1. 메뉴에 따라 재료의 특성을 살려 맛국물을 준비할 수 있다. 2. 찜 소스를 찜의 종류와 특성에 따라 조리법에 맞추어 조리할 수 있다. 3. 첨가되는 찜 소스의 양을 조절하여 조리할 수 있다.
		3. 찜 조리하기	1. 찜통을 준비할 수 있다. 2. 찜 양념을 만들 수 있다. 3. 식재료의 종류에 따라 불의 세기와 시간을 조절할 수 있다. 4. 재료에 따라 찜조리를 할 수 있다.
		4. 찜담기	1. 찜의 특성에 따라 기물을 선택할 수 있다. 2. 재료의 형태를 유지할 수 있다. 3. 곁들임을 첨가하여 완성 할 수 있다.
	11. 일식 롤 초밥 조리	1. 롤 초밥재료 준비하기	1. 초밥용 밥을 준비할 수 있다. 2. 롤초밥의 용도에 맞는 재료를 준비할 수 있다. 3. 고추냉이(가루, 생)와 부재료를 준비할 수 있다.
		2. 롤 양념초 조리하기	1. 초밥용 배합초의 재료를 준비할 수 있다. 2. 초밥용 배합초를 조리할 수 있다. 3. 용도에 맞게 다양한 배합초를 준비된 밥에 뿌릴 수 있다.
		3. 롤 초밥 조리하기	1. 롤초밥의 모양과 양을 조절할 수 있다. 2. 신속한 동작으로 만들 수 있다.. 3. 용도에 맞게 다양한 롤초밥을 만들 수 있다.
		4. 롤 초밥 담기	1. 롤초밥의 종류와 양에 따른 기물을 선택할 수 있다. 2. 롤초밥을 구성에 맞게 담을 수 있다. 3. 롤초밥에 곁들임을 첨가할 수 있다. 4. 롤초밥에 대나무 잎 등을 잘라 장식 할 수 있다.
	12. 일식 구이조리	1. 구이재료 준비하기	1. 식재료를 용도에 맞게 손질할 수 있다. 2. 식재료에 맞는 양념을 준비할 수 있다. 3. 구이용도에 맞는 기물을 준비할 수 있다.
		2. 구이 조리하기	1. 식재료의 특성에 따라 구이방법을 선택할 수 있다. 2. 불의 강약을 조절하여 구워낼 수 있다. 3. 재료의 형태가 부서지지 않도록 구울 수 있다.
		3. 구이 담기	1. 모양과 형태에 맞게 담아낼 수 있다. 2. 양념을 준비하여 담아낼 수 있다. 3. 구이종류의 특성에 따라 곁들임을 함께 제공할 수 있다.

PART 01

중식조리기능사
실기시험

중식조리기능사 실기이론

조리기구 및 계량 방법

    조리 시 사용되는 계량 측정 도구에 대해 알아보고, 정확한 계량방법을 습득하여 원활한 조리 작업이 이루어지도록 한다. 식품의 계량 도구 사용 시 분량이나 배합이 맞아 누가 해도 일반적인 맛을 낼 수 있다. 또, 과학적인 방법으로 식품을 낭비 없이 조리할 수 있다.

    조리 시 사용하는 계량컵은 한 컵의 용량이 200㎖이다.

    일반적으로 사용하는 테이블스푼은 서양 스푼을 말하며, 약 15㎖ 정도를 담을 수 있다.

    티스푼은 서양의 찻숟가락을 말하는데, 용량은 약 5㎖ 정도이다.

    테이블스푼과 티스푼의 첫 글자는 둘 다 t table/tea와 s spoon이다. 이를 구분하기 위해 테이블스푼은 대문자 T를 사용하고, 티스푼은 작은 소문자 t를 사용한다.

---

* 계량컵

  1C= one cup= 200㎖

* 스푼

  Table spoon = 15㎖= 3ts

  대문자 T는 1큰스푼으로 15㎖이다.

  tea spoon = 5㎖= 1/3Ts

  소문자 t는 1작은스푼으로 5㎖이다.

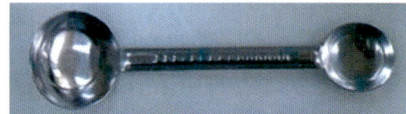

PART 01 _ **중식조리기능사**

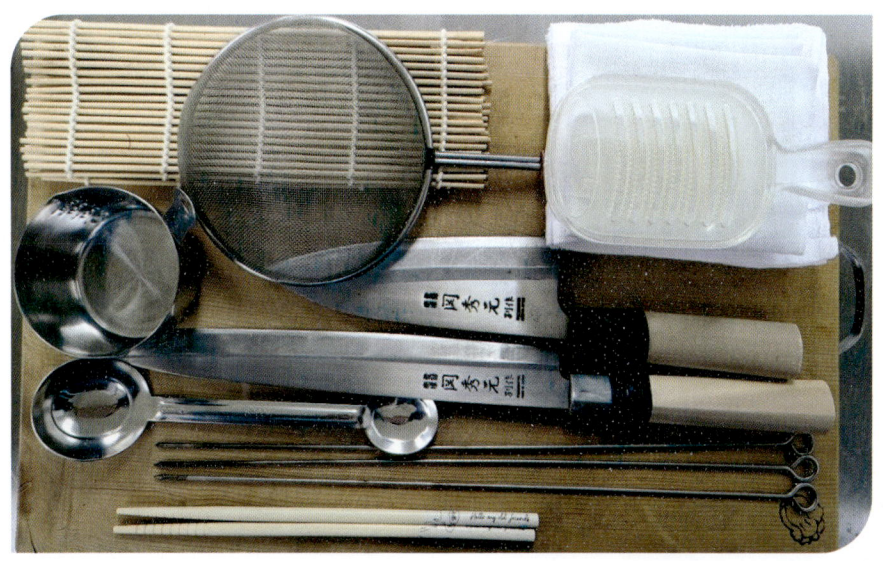

일식조리기능사 실기시험 준비도구 일부

중식조리기능사 실기시험 준비도구 일부

그릇은 시험장에 있으나 국대접 등 일부는 추가 지참가능하다.

중식 요리의 분류

냉채 요리

중식 코스요리에서 차갑게 하여 맨 처음 제공되는 요리로 입맛을 돋우고, 뒤에 나올 요리에 대한 기대감을 갖도록 하는 요리이다.

오징어 냉채

해파리 냉채

양장피잡채

볶음 요리

전분을 사용하지 않는 볶음 요리 초채:炒菜로는 부추잡채 소구차이, 고추잡채 칭지아오러우시, 당면잡채, 토마토달걀볶음 등이 있다.

전분을 사용하는 볶음 요리 류채:□菜로는 라조육, 마파두부, 새우케찹 볶음 깐소 하인, 채소 볶음, 류산슬, 전가복, 란화우육 브로콜리소고기 볶음, 하인완스 새우완자, 마라우육, 꽃게 콩 소스 볶음, 부용게살 등이 있다.

경장육사

고추잡채

부추잡채

새우케찹볶음

채소볶음

마파두부

튀김 요리

튀김 요리는 고온에서 단시간에 조리하여 영양 손실이 적은 조리법이다.

라조기

깐풍기

탕수육

탕수생선살

조림 요리

팬에 식재료를 넣고 양념을 하면서 불을 조절하여 전분을 넣고 자박하게 끓여내는 요리이다.

난자완스

홍쇼두부

면류 요리

곡분이나 전분류를 이용하여 만든 것으로 짜장면, 울면, 짬뽕, 냉짬뽕 등이 있다.

유니짜장면

울면

밥류 요리

팬에 기름을 두른 후 향을 내어 밥을 볶아 낸 요리로 새우볶음밥, 게살볶음밥, 잡채밥 등 다양하다.

새우볶음밥

후식 요리

음식을 먹고 난 후 입가심으로 먹는 빠스류, 시미로, 아이스크림, 무스케이크류 등이 있다.

빠스고구마

빠스옥수수

 ## 시험시간 분류

시험시간 20분

오징어 냉채

해파리 냉채

부추잡채

시험시간 25분

고추잡채

빠스고구마

빠스옥수수

채소볶음

난자완스

새우케찹볶음

마파두부

시험시간 30분

경장육사

유니짜장면

울면

PART 01 _ 중식조리기능사

새우볶음밥 탕수육 탕수생선살

라조기 깐풍기 홍쇼두부

시험시간 35분

양장피잡채

01 오징어냉채

涼拌魷魚

시험시간 20분

수험자 유의사항 공통

1) 만드는 순서에 유의하며, 위생과 숙련된 기능평가를 위하여 조리작업 시 맛을 보지 않습니다.
2) 지정된 수험자지참준비물 이외의 조리기구나 재료를 시험장내에 지참할 수 없습니다.
3) 지급재료는 시험 전 확인하여 이상이 있을 경우 시험위원으로부터 조치를 받고 시험 중에는 재료의 교환 및 추가 지급은 하지 않습니다.
4) 요구사항 및 지급재료의 규격은 "정도"의 의미를 포함하며, 재료의 크기에 따라 가감하여 채점됩니다.
5) 위생복, 위생모, 앞치마를 착용하여야 하며, 시험장비·조리기구 취급 등 안전에 유의합니다.
6) 다음 사항은 실격에 해당하여 채점 대상에서 제외됩니다.
   가) 수험자 본인이 시험 도중 시험에 대한 포기 의사를 표현하는 경우
   나) 위생복, 위생모, 앞치마, 마스크를 착용하지 않은 경우
   다) 시험시간 내에 과제 두 가지를 제출하지 못한 경우
   라) 문제의 요구사항대로 과제의 수량이 만들어지지 않은 경우
   마) 구이를 조림 등으로 조리하여 완성품을 요구사항과 다르게 만든 경우
   바) 불을 사용하여 만든 조리작품이 작품특성에 벗어나는 정도로 타거나 익지 않은 경우
   사) 해당과제의 지급재료 이외 재료를 사용하거나 석쇠 등 요구사항의 조리기구를 사용하지 않은 경우
   아) 지정된 수험자지참준비물 이외의 조리기구를 조리에 사용한 경우
   자) 가스레인지 화구 2개 이상(2개 포함) 사용한 경우
   차) 시험 중 시설 장비(칼, 가스레인지 등) 사용 시 시험위원 및 타수험자의 시험 진행에 위해를 일으킬 것으로 시험위원 전원이 합의하여 판단한 경우
   카) 요구사항에 표시된 실격 및 부정행위에 해당하는 경우
7) 항목별 배점은 위생상태 및 안전관리 5점, 조리기술 30점, 작품의 평가 15점입니다.
8) 시험시작 전 가벼운 몸 풀기(스트레칭) 동작으로 긴장을 풀고 시험을 시작합니다.

지급재료목록

갑오징어살	100g
오이	1/3개
식초	30㎖
흰설탕	15g
소금	2g
참기름	5㎖
겨자	20g

요구사항

가. 오징어 몸살은 종횡으로 칼집을 내어 3~4㎝로 썰어 데쳐서 사용하시오.
나. 오이는 얇게 3㎝ 편으로 썰어 사용하시오.
다. 겨자를 숙성시킨 후 소스를 만드시오.

갑오징어 가로 3~4cm
오이 3cm

01. 오징어냉채

만드는 방법

1 냄비에 물을 끓인다.
겨자가루 1T에 물 1T를 넣어 갠다.

2 냄비 뚜껑 위에 겨자그릇을 엎어 약 4분 정도 발효시킨다.
★ 5분을 넘기면 과발효되어 떫은맛이 강해지고 겨자 소스 맛이 개운하지 않게 된다.

3 오이는 소금으로 문질러 씻어 얇게 3cm 길이로 반달썰기 한다.

4 갑오징어는 등뼈와 내장을 제거하고, 몸통의 겉껍질과 얇은 속껍질을 앞뒤로 벗긴다.

5 갑오징어는 껍질 벗긴 반대쪽(내장 있던 쪽)에 반듯이 칼집을 넣고 가로로 3~4cm 썰어 준다.
★ 갑오징어 살은 두꺼우니 칼을 뉘어서 썬다.

6 발효시킨 겨자에 식초 1T, 설탕 1T, 소금 2g, 참기름 3g을 넣어 겨자소스를 만든다.

PART 01 _ **중식조리기능사**

7 끓는 물에 소금을 약간 넣고 오래 데치면 질겨지니 살짝 익히는 정도로 데쳐서 찬물에 바로 헹궈 여열을 식혀준다.

8 오이가 많다면 완성그릇에 오이를 돌려 담고 중앙에 남은 오이와 오징어를 섞어 담는다.

9 제출직전 소스를 끼얹어 낸다.

합격을 위한 TIP

- 오징어는 껍질 반대쪽에 칼집을 내고, 오래 익히면 질겨지니 오래 익히지 않는다.
- 오징어냉채는 제출 직전 소스를 끼얹어야 물이 생기지 않는다.

02 해파리냉채
拌海蜇皮

시험시간 20분

수험자 유의사항 공통

1) 만드는 순서에 유의하며, 위생과 숙련된 기능평가를 위하여 조리작업 시 맛을 보지 않습니다.
2) 지정된 수험자지참준비물 이외의 조리기구나 재료를 시험장내에 지참할 수 없습니다.
3) 지급재료는 시험 전 확인하여 이상이 있을 경우 시험위원으로부터 조치를 받고 시험 중에는 재료의 교환 및 추가지급은 하지 않습니다.
4) 요구사항 및 지급재료의 규격은 "정도"의 의미를 포함하며, 재료의 크기에 따라 가감하여 채점됩니다.
5) 위생복, 위생모, 앞치마를 착용하여야 하며, 시험장비·조리기구 취급 등 안전에 유의합니다.
6) 다음 사항은 실격에 해당하여 채점 대상에서 제외됩니다.
   가) 수험자 본인이 시험 도중 시험에 대한 포기 의사를 표현하는 경우
   나) 위생복, 위생모, 앞치마, 마스크를 착용하지 않은 경우
   다) 시험시간 내에 과제 두 가지를 제출하지 못한 경우
   라) 문제의 요구사항대로 과제의 수량이 만들어지지 않은 경우
   마) 구이를 조림 등으로 조리하여 완성품을 요구사항과 다르게 만든 경우
   바) 불을 사용하여 만든 조리작품이 작품특성에 벗어나는 정도로 타거나 익지 않은 경우
   사) 해당과제의 지급재료 이외 재료를 사용하거나 석쇠 등 요구사항의 조리기구를 사용하지 않은 경우
   아) 지정된 수험자지참준비물 이외의 조리기구를 조리에 사용한 경우
   자) 가스레인지 화구 2개 이상(2개 포함) 사용한 경우
   차) 시험 중 시설 장비(칼, 가스레인지 등) 사용 시 시험위원 및 타수험자의 시험 진행에 위해를 일으킬 것으로 시험위원 전원이 합의하여 판단한 경우
   카) 요구사항에 표시된 실격 및 부정행위에 해당하는 경우
7) 항목별 배점은 위생상태 및 안전관리 5점, 조리기술 30점, 작품의 평가 15점입니다.
8) 시험시작 전 가벼운 몸 풀기(스트레칭) 동작으로 긴장을 풀고 시험을 시작합니다.

지급재료목록

해파리	150g
오이	1/2개
마늘	3쪽
식초	45㎖
흰설탕	15g
소금	7g
참기름	5㎖

요구사항

가. 해파리는 염분을 제거하고 살짝 데쳐서 사용하시오.
나. 오이는 0.2×6㎝ 크기로 어슷하게 채를 써시오.
다. 해파리와 오이를 섞어 마늘소스를 끼얹어 내시오.

해파리 6cm
오이 6cm

1 냄비에 해파리 데칠 물을 올린다. 해파리는 염장하여 제공되므로 손으로 충분히 문질러 씻어 염분을 제거한다.

2 끓인 물에 찬물을 섞어 약 60~70℃ 온도로 만들어 해파리를 데친다.
★ 해파리를 오래 데치면 질겨지니 겉만 살짝 익도록 데친다.

3 데친 해파리는 찬물에 식초 2T를 넣어 담근다. 5분 정도 담근 후 씻어서 수분을 뺀다.
★ 식초물에 담그면 해파리가 아들아들 부드러워진다.

4 해파리는 대략 6cm정도로 잘라 준비한다.
★ 깜박하고 자르지 않았어도 손으로 당기면 쉽게 끊어진다.

5 오이는 소금으로 문질러 씻은 후 길이 6cm로 가늘게 채 썬다.
★ 오이는 나중에 써는 것이 좋다.

6 마늘은 곱게 다진다.
다진마늘, 식초 1T, 설탕 1T, 소금 2g, 참기름 3g으로 마늘소스를 만들어 준비한다.

PART 01 _ 중식조리기능사

7 해파리와 오이를 섞는다.

8 완성그릇에 소복이 담는다.

9 마늘소스 건더기를 조금 남기고 소스를 끼얹는다. 남겨둔 마늘을 고명처럼 올려 완성한다.

합격을 위한 TIP

- 해파리는 데치는 것이 중요하다.
  60~70℃에서 살짝만 데쳐 식초 물에 담가야 한다.
- 소스는 제출직전 버무려야 물이 생기지 않는다.

03 부추잡채
炒韭菜 초구채

시험시간 20분

수험자 유의사항 공통

1) 만드는 순서에 유의하며, 위생과 숙련된 기능평가를 위하여 조리작업 시 맛을 보지 않습니다.
2) 지정된 수험자지참준비물 이외의 조리기구나 재료를 시험장내에 지참할 수 없습니다.
3) 지급재료는 시험 전 확인하여 이상이 있을 경우 시험위원으로부터 조치를 받고 시험 중에는 재료의 교환 및 추가 지급은 하지 않습니다.
4) 요구사항 및 지급재료의 규격은 "정도"의 의미를 포함하며, 재료의 크기에 따라 가감하여 채점됩니다.
5) 위생복, 위생모, 앞치마를 착용하여야 하며, 시험장비 · 조리기구 취급 등 안전에 유의합니다.
6) 다음 사항은 실격에 해당하여 채점 대상에서 제외됩니다.
    가) 수험자 본인이 시험 도중 시험에 대한 포기 의사를 표현하는 경우
    나) 위생복, 위생모, 앞치마, 마스크를 착용하지 않은 경우
    다) 시험시간 내에 과제 두 가지를 제출하지 못한 경우
    라) 문제의 요구사항대로 과제의 수량이 만들어지지 않은 경우
    마) 구이를 조림 등으로 조리하여 완성품을 요구사항과 다르게 만든 경우
    바) 불을 사용하여 만든 조리작품이 작품특성에 벗어나는 정도로 타거나 익지 않은 경우
    사) 해당과제의 지급재료 이외 재료를 사용하거나 석쇠 등 요구사항의 조리기구를 사용하지 않은 경우
    아) 지정된 수험자지참준비물 이외의 조리기구를 조리에 사용한 경우
    자) 가스레인지 화구 2개 이상(2개 포함) 사용한 경우
    차) 시험 중 시설 장비(칼, 가스레인지 등) 사용 시 시험위원 및 타수험자의 시험 진행에 위해를 일으킬 것으로 시험위원 전원이 합의하여 판단한 경우
    카) 요구사항에 표시된 실격 및 부정행위에 해당하는 경우
7) 항목별 배점은 위생상태 및 안전관리 5점, 조리기술 30점, 작품의 평가 15점입니다.
8) 시험시작 전 가벼운 몸 풀기(스트레칭) 동작으로 긴장을 풀고 시험을 시작합니다.

지급재료목록

- 부추 중국부추(호부추) 120g
- 돼지등심(살코기) 50g
- 달걀 1개
- 청주 15㎖
- 소금 5g
- 참기름 5㎖
- 식용유 100㎖
- 녹말가루 30g

요구사항

가. 부추는 6㎝ 길이로 써시오.
나. 고기는 0.3×6㎝ 길이로 써시오.
다. 고기는 간을 하여 초벌 하시오.

03. 부추잡채

만드는 방법

1 부추는 다듬어 씻은 후 길이 6cm로 썬다. 푸른 잎과 흰줄기를 구분하여 담아둔다.
★ 부추를 볶을 때 흰줄기는 질겨서 먼저 볶는다.

2 돼지고기는 6cm정도로 포를 뜬 다음 0.3× 6cm로 가늘게 채 썰어 소금, 청주로 밑간한다.

3 밑간한 돼지고기에 달걀흰자 1t, 녹말가루 1t를 넣어 버무린다.

4 팬에 식용유 4T를 넣고 팬이 달궈지면 돼지고기를 넣고 젓가락으로 저어가며 데쳐낸다.
★ 팬을 뜨겁게 예열한 상태로 고기를 투입하면 고기가 오그라들어 길이로 펴지지 않으니 주의한다.

5 데친 돼지고기를 체에 붓고 기름을 뺀다.

6 부추잡채 조리 전 청주와 소금, 참기름 등을 미리 준비한다.

PART 01 _ **중식조리기능사**

7 팬을 달군 후 기름을 두르고 부추의 흰줄기를 먼저 볶다가 데친 돼지고기를 넣고 청주 2t를 넣은 후 부추 푸른잎을 마저 넣는다.

8 푸른잎 부추가 너무 숨죽지 않게 빠르게 볶아 소금을 한꼬집 넣어 간을 하고 마지막 참기름으로 향을 내준다.

9 볶은 부추잡채를 접시에 식힌 후 완성 그릇에 담아낸다.
★ 지급재료에 간장이 없으니 간장은 사용하지 않는다.

합격을 위한 TIP

- 고기 채는 익으면 두꺼워지므로 얇게 썬다.
- 부추는 흰 부분을 먼저 볶아 익히고 푸른 잎은 숨이 죽지 않고 선명해야 한다.

03. 부추잡채

04 고추잡채

青草肉絲 청초육사

시험시간 25분

수험자 유의사항 공통

1) 만드는 순서에 유의하며, 위생과 숙련된 기능평가를 위하여 조리작업 시 맛을 보지 않습니다.
2) 지정된 수험자지참준비물 이외의 조리기구나 재료를 시험장내에 지참할 수 없습니다.
3) 지급재료는 시험 전 확인하여 이상이 있을 경우 시험위원으로부터 조치를 받고 시험 중에는 재료의 교환 및 추가지급은 하지 않습니다.
4) 요구사항 및 지급재료의 규격은 "정도"의 의미를 포함하며, 재료의 크기에 따라 가감하여 채점됩니다.
5) 위생복, 위생모, 앞치마를 착용하여야 하며, 시험장비·조리기구 취급 등 안전에 유의합니다.
6) 다음 사항은 실격에 해당하여 채점 대상에서 제외됩니다.
    가) 수험자 본인이 시험 도중 시험에 대한 포기 의사를 표현하는 경우
    나) 위생복, 위생모, 앞치마, 마스크를 착용하지 않은 경우
    다) 시험시간 내에 과제 두 가지를 제출하지 못한 경우
    라) 문제의 요구사항대로 과제의 수량이 만들어지지 않은 경우
    마) 구이를 조림 등으로 조리하여 완성품을 요구사항과 다르게 만든 경우
    바) 불을 사용하여 만든 조리작품이 작품특성에 벗어나는 정도로 타거나 익지 않은 경우
    사) 해당과제의 지급재료 이외 재료를 사용하거나 석쇠 등 요구사항의 조리기구를 사용하지 않은 경우
    아) 지정된 수험자지참준비물 이외의 조리기구를 조리에 사용한 경우
    자) 가스레인지 화구 2개 이상(2개 포함) 사용한 경우
    차) 시험 중 시설 장비(칼, 가스레인지 등) 사용 시 시험위원 및 타수험자의 시험 진행에 위해를 일으킬 것으로 시험위원 전원이 합의하여 판단한 경우
    카) 요구사항에 표시된 실격 및 부정행위에 해당하는 경우
7) 항목별 배점은 위생상태 및 안전관리 5점, 조리기술 30점, 작품의 평가 15점입니다.
8) 시험시작 전 가벼운 몸 풀기(스트레칭) 동작으로 긴장을 풀고 시험을 시작합니다.

지급재료목록

돼지등심(살코기)	100g
달걀	1개
청피망 1개	75g
죽순	30g
건표고버섯(5cm)	2개
양파	1/2개
청주	5㎖
소금	5g
진간장	15㎖
참기름	5㎖
식용유	150㎖
녹말가루	15g

요구사항

가. 주재료 피망과 고기는 5㎝의 채로 써시오.
나. 고기는 간을 하여 초벌 하시오.

04. 고추잡채

만드는 방법

1 냄비에 죽순과 표고버섯 데칠 물을 올리고, 채소를 썬다.
피망은 5cm 길이로 일정하게 채 썬다.

2 양파도 5cm로 가늘고 일정하게 채 썰고, 데친 죽순과 표고버섯도 5cm 일정하게 채 썬다.

3 돼지고기는 6cm정도로 포를 뜬 다음 0.3× 6cm로 가늘게 채 썰어 소금, 청주로 밑간한다.

4 밑간한 고기는 달걀흰자 1t와 녹말가루 1t를 넣는다.

5 팬에 식용유 4T를 넣고 팬이 약하게 달궈지면 돼지고기를 넣고 젓가락으로 저어가며 데쳐 낸다.

6 데친 돼지고기를 체에 붓고 기름을 뺀다.

PART 01 _ 중식조리기능사

7 팬을 달군 후 기름을 두르고 양파, 표고버섯, 죽순을 넣고 볶다가 간장 1t, 청주 1t를 넣는다.

8 데친 돼지고기와 피망을 넣고 볶으면서 소금으로 간한 후 살짝 더 볶고, 참기름을 넣어 마무리한다.
★ 피망을 오래 볶으면 색이 변하고 식감이 좋지 않으니 살짝 볶는다.

9 고추잡채를 펼쳐 식힌 후 완성 그릇에 담아 제출한다.

합격을 위한 TIP

- 모든 재료의 크기는 일정하게 채 썬다.
- 고기는 익으면 커지므로 채를 얇게 썬다.
- 빠르게 볶아야 수분이 없이 피망의 색도 선명하다.

04. 고추잡채

05 빠스고구마

拔絲地瓜 발사지과

시험시간 25분

수험자 유의사항 공통

1) 만드는 순서에 유의하며, 위생과 숙련된 기능평가를 위하여 조리작업 시 맛을 보지 않습니다.
2) 지정된 수험자지참준비물 이외의 조리기구나 재료를 시험장내에 지참할 수 없습니다.
3) 지급재료는 시험 전 확인하여 이상이 있을 경우 시험위원으로부터 조치를 받고 시험 중에는 재료의 교환 및 추가 지급은 하지 않습니다.
4) 요구사항 및 지급재료의 규격은 "정도"의 의미를 포함하며, 재료의 크기에 따라 가감하여 채점됩니다.
5) 위생복, 위생모, 앞치마를 착용하여야 하며, 시험장비·조리기구 취급 등 안전에 유의합니다.
6) 다음 사항은 실격에 해당하여 채점 대상에서 제외됩니다.
   가) 수험자 본인이 시험 도중 시험에 대한 포기 의사를 표현하는 경우
   나) 위생복, 위생모, 앞치마, 마스크를 착용하지 않은 경우
   다) 시험시간 내에 과제 두 가지를 제출하지 못한 경우
   라) 문제의 요구사항대로 과제의 수량이 만들어지지 않은 경우
   마) 구이를 조림 등으로 조리하여 완성품을 요구사항과 다르게 만든 경우
   바) 불을 사용하여 만든 조리작품이 작품특성에 벗어나는 정도로 타거나 익지 않은 경우
   사) 해당과제의 지급재료 이외 재료를 사용하거나 석쇠 등 요구사항의 조리기구를 사용하지 않은 경우
   아) 지정된 수험자지참준비물 이외의 조리기구를 조리에 사용한 경우
   자) 가스레인지 화구 2개 이상(2개 포함) 사용한 경우
   차) 시험 중 시설 장비(칼, 가스레인지 등) 사용 시 시험위원 및 타수험자의 시험 진행에 위해를 일으킬 것으로 시험위원 전원이 합의하여 판단한 경우
   카) 요구사항에 표시된 실격 및 부정행위에 해당하는 경우
7) 항목별 배점은 위생상태 및 안전관리 5점, 조리기술 30점, 작품의 평가 15점입니다.
8) 시험시작 전 가벼운 몸 풀기(스트레칭) 동작으로 긴장을 풀고 시험을 시작합니다.

지급재료목록

- 고구마 1개   300g
- 식용유   1000㎖
- 흰설탕   100g

 ### 요구사항

가. 고구마는 껍질을 벗기고 먼저 길게 4등분을 내고, 다시 4㎝ 길이의 다각형으로 돌려썰기 하시오.
나. 튀김이 바삭하게 되도록 하시오.

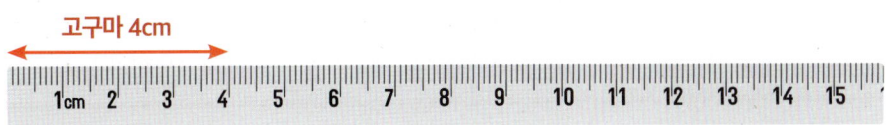

05. 빠스고구마

만드는 방법

1 튀김 기름을 불에 올린 후 고구마 껍질을 벗긴다.

2 고구마는 4cm 길이의 다각형으로 돌려썰기한다. 고구마가 크면 4등분 후 다각형으로 썬다.

3 고구마는 찬물에 담가 전분을 뺀다.

4 고구마를 마른행주에 싸서 수분을 반드시 제거한다.

5 고구마를 튀김 솥에 넣을 때는 중앙은 피하고 가장자리에 넣어 기름이 튀는 것에 주의한다.

6 고구마 속이 익도록 하고 노릇하게 색을 내어 튀긴다.
접시에 기름을 발라 준비한다.

PART 01 _ **중식조리기능사**

7 팬에 설탕 3T, 식용유 1t를 넣어 갈색이 나도록 달군다. 갈색이 나는 지점에 불을 끈다.
★ 설탕의 일부가 덜 녹아있으면 실이 생기지 않고 혼탁해지니 설탕을 잘 녹이면서 갈색을 낸다.

8 고구마를 넣고 물 1T를 넣어 재빠르게 저어 시럽이 고루 섞이도록 한다.
★ 물을 1T를 넣어 섞으면 시럽이 고루 섞이면서 실이 잘 생긴다.

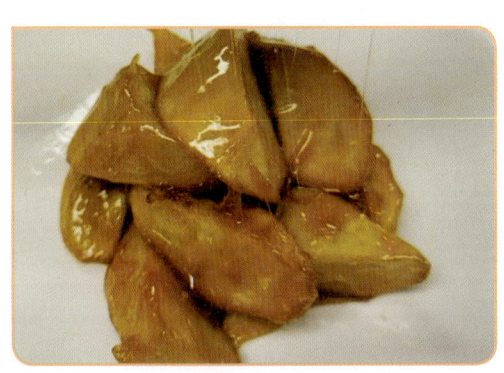

9 식용유를 발라 준비한 그릇에 고구마 빠스를 옮겨 식힌다.
완성 그릇에 담아낸다.

합격을 위한 TIP

- 고구마는 일정한 크기로 돌려 썰기를 해준다.
- 고구마 튀기는 온도가 높으면 속은 안 익고, 겉이 타므로 튀김온도는 중요하다.
- 시럽의 색이 갈색이 나야 하며, 고구마에 시럽이 고루 묻도록 버무려야 한다.

06 빠스옥수수

拔絲玉米 발사옥미

시험시간 25분

수험자 유의사항 공통

1) 만드는 순서에 유의하며, 위생과 숙련된 기능평가를 위하여 조리작업 시 맛을 보지 않습니다.
2) 지정된 수험자지참준비물 이외의 조리기구나 재료를 시험장내에 지참할 수 없습니다.
3) 지급재료는 시험 전 확인하여 이상이 있을 경우 시험위원으로부터 조치를 받고 시험 중에는 재료의 교환 및 추가 지급은 하지 않습니다.
4) 요구사항 및 지급재료의 규격은 "정도"의 의미를 포함하며, 재료의 크기에 따라 가감하여 채점됩니다.
5) 위생복, 위생모, 앞치마를 착용하여야 하며, 시험장비·조리기구 취급 등 안전에 유의합니다.
6) 다음 사항은 실격에 해당하여 채점 대상에서 제외됩니다.
    가) 수험자 본인이 시험 도중 시험에 대한 포기 의사를 표현하는 경우
    나) 위생복, 위생모, 앞치마, 마스크를 착용하지 않은 경우
    다) 시험시간 내에 과제 두 가지를 제출하지 못한 경우
    라) 문제의 요구사항대로 과제의 수량이 만들어지지 않은 경우
    마) 구이를 조림 등으로 조리하여 완성품을 요구사항과 다르게 만든 경우
    바) 불을 사용하여 만든 조리작품이 작품특성에 벗어나는 정도로 타거나 익지 않은 경우
    사) 해당과제의 지급재료 이외 재료를 사용하거나 석쇠 등 요구사항의 조리기구를 사용하지 않은 경우
    아) 지정된 수험자지참준비물 이외의 조리기구를 조리에 사용한 경우
    자) 가스레인지 화구 2개 이상(2개 포함) 사용한 경우
    차) 시험 중 시설 장비(칼, 가스레인지 등) 사용 시 시험위원 및 타수험자의 시험 진행에 위해를 일으킬 것으로 시험위원 전원이 합의하여 판단한 경우
    카) 요구사항에 표시된 실격 및 부정행위에 해당하는 경우
7) 항목별 배점은 위생상태 및 안전관리 5점, 조리기술 30점, 작품의 평가 15점입니다.
8) 시험시작 전 가벼운 몸 풀기(스트레칭) 동작으로 긴장을 풀고 시험을 시작합니다.

지급재료목록

- 옥수수(통조림) 120g
- 땅콩 7알
- 밀가루 80g
- 달걀 1개
- 흰설탕 50g
- 식용유 500㎖

요구사항

가. 완자의 크기를 지름 3㎝ 공 모양으로 하시오.
나. 땅콩은 다져 옥수수와 함께 버무려 사용하시오.
다. 설탕시럽은 타지 않게 만드시오.
라. 빠스옥수수는 6개 만드시오.

06. 빠스옥수수

만드는 방법

1 튀김 할 기름을 올리고, 옥수수를 씻어 체에 밭쳐 수분을 뺀다.

2 땅콩 껍질을 벗겨 다진다.
★ 생땅콩 지급 시 마른팬에 볶아 사용한다.

3 수분을 제거한 옥수수는 곱게 다진다.

4 다진 옥수수와 다진 땅콩에 달걀노른자와 밀가루 3~4T를 넣어 반죽한다. 반죽이 질어지면 튀길 때 옆으로 퍼져 완자 모양이 동그랗지 않다.

5 기름 온도 체크하기 (적정온도 160℃)

6 한 손에 반죽을 쥐고 위로 올려 동그랗게 한 후 계량 숟가락으로 떼어 직경 3cm보다 약간 작은 공모양으로 만들어서 튀겨낸다.
★ 완자는 튀기면서 부피가 커지니 3cm보다 작게 만들어 튀겨낸다.

PART 01 _ 중식조리기능사

7 완성된 옥수수튀김은 지름 3cm, 갯수는 6개 이상이어야 한다.
접시에 기름을 발라 준비한다.

8 팬에 설탕 3T, 식용유 1t를 넣어 갈색이 나도록 달군다. 갈색이 나는 지점에 불을 끈다.
★ 설탕의 일부가 덜 녹아있으면 실이 생기지 않고 혼탁해지니 설탕을 잘 녹이면서 갈색을 낸다.

9 8에 튀긴 옥수수를 넣고, 물 1T를 넣어 재빠르게 섞어준 뒤 기름접시에 펼쳐 식힌다. 완성 접시에 단정하게 담는다.
★ 물을 1T를 넣으면 시럽이 고루 섞이면서 실이 잘 생긴다.

합격을 위한 TIP

- 옥수수 완자는 튀기면 커지므로 떼어 넣을 때, 3cm 안되는 크기로 한다.
- 크기를 일정하게 하려면 계량 티 작은 숟가락만 하게, 작게 만들어 6개 완성한다.
- 시럽이 타지 않도록 불 조절에 유의하고, 시럽이 고루 묻도록 버무린다.

07 채소볶음
炒蔬菜 초소채

시험시간 25분

수험자 유의사항 공통

1) 만드는 순서에 유의하며, 위생과 숙련된 기능평가를 위하여 조리작업 시 맛을 보지 않습니다.
2) 지정된 수험자지참준비물 이외의 조리기구나 재료를 시험장내에 지참할 수 없습니다.
3) 지급재료는 시험 전 확인하여 이상이 있을 경우 시험위원으로부터 조치를 받고 시험 중에는 재료의 교환 및 추가 지급은 하지 않습니다.
4) 요구사항 및 지급재료의 규격은 "정도"의 의미를 포함하며, 재료의 크기에 따라 가감하여 채점됩니다.
5) 위생복, 위생모, 앞치마를 착용하여야 하며, 시험장비·조리기구 취급 등 안전에 유의합니다.
6) 다음 사항은 실격에 해당하여 채점 대상에서 제외됩니다.
   가) 수험자 본인이 시험 도중 시험에 대한 포기 의사를 표현하는 경우
   나) 위생복, 위생모, 앞치마, 마스크를 착용하지 않은 경우
   다) 시험시간 내에 과제 두 가지를 제출하지 못한 경우
   라) 문제의 요구사항대로 과제의 수량이 만들어지지 않은 경우
   마) 구이를 조림 등으로 조리하여 완성품을 요구사항과 다르게 만든 경우
   바) 불을 사용하여 만든 조리작품이 작품특성에 벗어나는 정도로 타거나 익지 않은 경우
   사) 해당과제의 지급재료 이외 재료를 사용하거나 석쇠 등 요구사항의 조리기구를 사용하지 않은 경우
   아) 지정된 수험자지참준비물 이외의 조리기구를 조리에 사용한 경우
   자) 가스레인지 화구 2개 이상(2개 포함) 사용한 경우
   차) 시험 중 시설 장비(칼, 가스레인지 등) 사용 시 시험위원 및 타수험자의 시험 진행에 위해를 일으킬 것으로 시험위원 전원이 합의하여 판단한 경우
   카) 요구사항에 표시된 실격 및 부정행위에 해당하는 경우
7) 항목별 배점은 위생상태 및 안전관리 5점, 조리기술 30점, 작품의 평가 15점입니다.
8) 시험시작 전 가벼운 몸 풀기(스트레칭) 동작으로 긴장을 풀고 시험을 시작합니다.

지급재료목록

- 청경채 1개
- 죽순 30g
- 청피망 1/3개
- 양송이 2개
- 녹말가루 20g
- 소금 5g
- 청주 5㎖
- 참기름 5㎖
- 건표고버섯 2개 5cm
- 당근 50g
- 셀러리 30g
- 생강 5g
- 마늘 1쪽
- 대파 1토막 6cm
- 진간장 5㎖
- 흰후춧가루 2g
- 식용유 45㎖

요구사항

가. 모든 채소는 길이가 4㎝의 편으로 써시오.
나. 대파, 마늘, 생강을 제외한 모든 채소는 끓는 물에 살짝 데쳐서 사용하시오.

모든 채소 4cm

07. 채소볶음

1 냄비에 물을 올리고 채소를 썬다. 모든 채소는 4×1.5cm 편으로 썬다.

2 각각의 채소들의 규격은 모두 일정하게 썬다.

3 대파, 마늘, 생강을 제외한 모든 채소를 데치고 데친 채소들은 찬물에 식힌다.
★ 채소는 색이 밝은 순으로 청경채, 셀러리, 피망, 당근을 먼저 데친다.

4 3에 이어 죽순, 양송이, 표고버섯도 데쳐서 찬물에 담가 식힌다.

5 채소들은 마른행주 위에 옮겨 수분을 제거한다.

6 녹말가루 1T에 물 1T를 넣어 물전분을 만든다.

PART 01 _ 중식조리기능사

7 달군 팬에 기름 1T를 넣어 향채(대파, 마늘, 생강)를 볶다가 청주 1t, 간장 1t를 넣고 볶아 향을 낸다.

8 7에 양송이, 표고버섯, 죽순을 넣어 볶다가 당근, 셀러리, 피망, 청경채를 넣고 물 80g을 넣는다.

9 8에 물전분을 넣고 농도를 맞춘 후 소금, 흰 후추, 참기름 3g을 넣어 완성한다.
★ 채소의 색을 살려야하므로 간장을 많이 넣지 않고 빠르게 볶아 완성한다.

합격을 위한 TIP

- 모든 채소의 크기는 일정하게 썬다.
- 볶는 순서에 유의하고 전분을 많이 사용하지 않는다.
- 채소 각각의 색을 잘 살려 볶아야하므로 간장을 적게 사용한다.

07. 채소볶음

08 난자완스
南煎丸子 남전환자

시험시간 25분

수험자 유의사항 공통

1) 만드는 순서에 유의하며, 위생과 숙련된 기능평가를 위하여 조리작업 시 맛을 보지 않습니다.
2) 지정된 수험자지참준비물 이외의 조리기구나 재료를 시험장내에 지참할 수 없습니다.
3) 지급재료는 시험 전 확인하여 이상이 있을 경우 시험위원으로부터 조치를 받고 시험 중에는 재료의 교환 및 추가 지급은 하지 않습니다.
4) 요구사항 및 지급재료의 규격은 "정도"의 의미를 포함하며, 재료의 크기에 따라 가감하여 채점됩니다.
5) 위생복, 위생모, 앞치마를 착용하여야 하며, 시험장비·조리기구 취급 등 안전에 유의합니다.
6) 다음 사항은 실격에 해당하여 채점 대상에서 제외됩니다.
   가) 수험자 본인이 시험 도중 시험에 대한 포기 의사를 표현하는 경우
   나) 위생복, 위생모, 앞치마, 마스크를 착용하지 않은 경우
   다) 시험시간 내에 과제 두 가지를 제출하지 못한 경우
   라) 문제의 요구사항대로 과제의 수량이 만들어지지 않은 경우
   마) 구이를 조림 등으로 조리하여 완성품을 요구사항과 다르게 만든 경우
   바) 불을 사용하여 만든 조리작품이 작품특성에 벗어나는 정도로 타거나 익지 않은 경우
   사) 해당과제의 지급재료 이외 재료를 사용하거나 석쇠 등 요구사항의 조리기구를 사용하지 않은 경우
   아) 지정된 수험자지참준비물 이외의 조리기구를 조리에 사용한 경우
   자) 가스레인지 화구 2개 이상(2개 포함) 사용한 경우
   차) 시험 중 시설 장비(칼, 가스레인지 등) 사용 시 시험위원 및 타수험자의 시험 진행에 위해를 일으킬 것으로 시험위원 전원이 합의하여 판단한 경우
   카) 요구사항에 표시된 실격 및 부정행위에 해당하는 경우
7) 항목별 배점은 위생상태 및 안전관리 5점, 조리기술 30점, 작품의 평가 15점입니다.
8) 시험시작 전 가벼운 몸 풀기(스트레칭) 동작으로 긴장을 풀고 시험을 시작합니다.

지급재료목록

- 돼지등심(다진살코기) 200g
- 마늘 2쪽
- 생강 5g
- 대파 1토막 6cm
- 검은후춧가루 1g
- 달걀 1개
- 청주 20㎖
- 죽순 50g
- 소금 3g
- 진간장 15㎖
- 참기름 5㎖
- 식용유 800㎖
- 녹말가루 50g
- 청경채 1개
- 건표고버섯 2개(5cm불린 것)

요구사항

가. 완자는 지름 4㎝로 둥글고 납작하게 만드시오.
나. 완자는 손이나 수저로 하나씩 떼어 팬에서 모양을 만드시오.
다. 채소는 4㎝ 크기의 편으로 써시오. (단, 대파는 3㎝크기)
라. 완자는 갈색이 나도록 하시오.

완자, 채소 4cm
대파 3cm

08. 난자완스

만드는 방법

1 냄비에 채소 데칠 물을 올린다.
채소(청경채, 죽순, 표고버섯)는 4cm로 편 썬다.
생강과 대파는 좀 작게 편 썬다.

2 죽순을 끓는 물에 데쳐 찬물에 식힌 후 수분을 제거하여 준비한다.

3 표고버섯도 끓는 물에 데친 후 찬물에 식힌 후 수분을 제거하여 준비한다.

4 돼지고기는 한번 더 다져 핏물을 제거한다.
간장 1t, 청주 1t, 소금, 후추로 밑간 후 달걀 3T, 녹말 2T를 넣고 젓가락 2개를 사용하여 한방향으로 돌려 섞는다.

5 팬에 식용유를 넉넉히 두르고 약불로 한 후 한 손에 반죽을 쥐고 짜듯이 위로 올려 숟가락을 이용해 동그랗게 떼어 넣는다.
★ 완자를 떼어 넣을 때 불을 낮추면 먼저 넣은 완자가 심하게 타지 않고 완자 모양 잡기도 좋다.

6 숟가락 큰 쪽으로 눌러 지름 4cm, 높이 0.7cm 정도로 모양을 잡는다. 완자의 모양이 잡히면 기름을 추가한 후 갈색으로 노릇하게 튀겨낸다.

PART 01 _ 중식조리기능사

7 튀겨낸 완자의 기름을 잘 제거한다. 볶기 전 준비된 재료를 체크한다.

8 물전분(녹말가루 1T : 물 1T)을 만들어 준비한다.

9 달군 팬에 기름을 넣고 대파, 마늘, 생강을 먼저 넣어 볶은 후 청주 1t, 간장 1t를 넣어 향을 낸다. 여기에 죽순과 표고버섯을 넣고 볶다가, 물 150㎖를 넣은 후 물전분을 넣어 농도를 맞추고 완자와 청경채를 넣고 볶으면서 간장 1T, 후추로 추가 간을 한 후 참기름 1t 넣어 완성한다.

합격을 위한 TIP

- 완자는 손과 숟가락을 사용하여 모양을 만들고, 넉넉한 기름에 튀김하듯 지진다.
- 완자는 일정한 크기로 갈색이 나도록 잘 지져낸다.
- 난자완스 소스에 전분을 넣고나서 빠르게 완성해야 소스 색이 탁하지 않고 맑다.

09 새우케찹볶음
繁茄霞仁 번가하인

시험시간 25분

수험자 유의사항 공통

1) 만드는 순서에 유의하며, 위생과 숙련된 기능평가를 위하여 조리작업 시 맛을 보지 않습니다.
2) 지정된 수험자지참준비물 이외의 조리기구나 재료를 시험장내에 지참할 수 없습니다.
3) 지급재료는 시험 전 확인하여 이상이 있을 경우 시험위원으로부터 조치를 받고 시험 중에는 재료의 교환 및 추가 지급은 하지 않습니다.
4) 요구사항 및 지급재료의 규격은 "정도"의 의미를 포함하며, 재료의 크기에 따라 가감하여 채점됩니다.
5) 위생복, 위생모, 앞치마를 착용하여야 하며, 시험장비·조리기구 취급 등 안전에 유의합니다.
6) 다음 사항은 실격에 해당하여 채점 대상에서 제외됩니다.
   가) 수험자 본인이 시험 도중 시험에 대한 포기 의사를 표현하는 경우
   나) 위생복, 위생모, 앞치마, 마스크를 착용하지 않은 경우
   다) 시험시간 내에 과제 두 가지를 제출하지 못한 경우
   라) 문제의 요구사항대로 과제의 수량이 만들어지지 않은 경우
   마) 구이를 조림 등으로 조리하여 완성품을 요구사항과 다르게 만든 경우
   바) 불을 사용하여 만든 조리작품이 작품특성에 벗어나는 정도로 타거나 익지 않은 경우
   사) 해당과제의 지급재료 이외 재료를 사용하거나 석쇠 등 요구사항의 조리기구를 사용하지 않은 경우
   아) 지정된 수험자지참준비물 이외의 조리기구를 조리에 사용한 경우
   자) 가스레인지 화구 2개 이상(2개 포함) 사용한 경우
   차) 시험 중 시설 장비(칼, 가스레인지 등) 사용 시 시험위원 및 타수험자의 시험 진행에 위해를 일으킬 것으로 시험위원 전원이 합의하여 판단한 경우
   카) 요구사항에 표시된 실격 및 부정행위에 해당하는 경우
7) 항목별 배점은 위생상태 및 안전관리 5점, 조리기술 30점, 작품의 평가 15점입니다.
8) 시험시작 전 가벼운 몸 풀기(스트레칭) 동작으로 긴장을 풀고 시험을 시작합니다.

지급재료목록

- 작은새우살 200g
- 토마토케찹 50g
- 달걀 1개
- 당근 30g
- 양파 1/6개
- 이쑤시개 1개
- 진간장 15㎖
- 대파(흰부분 1토막) 6cm
- 소금 2g
- 생강 5g
- 녹말가루 100g
- 완두콩 10g
- 흰설탕 10g
- 식용유 800㎖
- 청주 30㎖

요구사항

가. 새우 내장을 제거하시오.
나. 당근과 양파는 1㎝ 크기의 사각으로 써시오.

당근과 양파 1cm

09. 새우케찹볶음

1 완두콩은 끓는 물에 데친다.

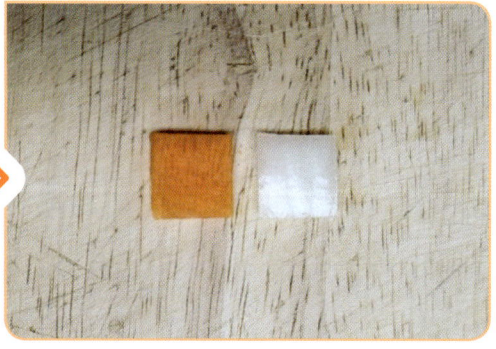

2 새우 튀김할 기름을 예열한다.
양파, 당근은 사방 1cm로 편 썬다.

3 생강, 대파는 1cm 보다는 작게 편 썬다.

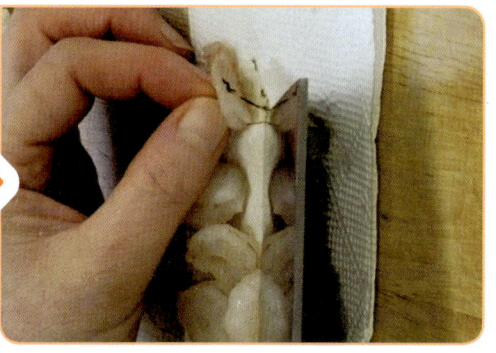

4 새우는 내장을 제거하고 씻는다.
소금, 청주 1t, 녹말가루 1t로 밑간한 후 달걀1T, 녹말가루 4T 넣어 튀김옷을 만든다.
(앙금녹말 사용해도 된다)

5 튀김 온도를 체크하고, 바삭하게 두 번 튀겨 낸다.
★ 새우는 튀기는 온도가 매우 중요하니 온도를 반드시 체크 한 후 새우를 투입한다. 또 새우가 작으면 2~3개씩 뭉쳐시 뒤긴다.

6 녹말가루를 모두 사용하면 안되고 볶을 때 사용할 물전분을 만들어 준비한다.

PART 01 _ 중식조리기능사

7 달군 팬에 기름을 두르고 대파, 생강을 볶다가 청주 1t, 간장 1t을 넣어 향을 낸 후 양파, 당근을 넣고 살짝 볶아 케찹 3T, 완두콩도 넣어 볶는다.

★ 물 넣기 전 케찹을 먼저 살짝 볶아 신맛을 날린다.

8 7에 물100㎖ 넣고 끓이면서 설탕 1T, 간장 1T을 넣어 간한 후 물전분으로 농도를 맞춘다.

9 여기에 튀긴 새우를 넣고 버무려 완성한다.

합격을 위한 TIP

- 새우는 반죽 농도를 약간 되직하게 해야 잘 튀겨 낼 수 있다.
- 새우튀김의 색은 다른 고기튀김의 색보다는 옅어 두 번 튀길 때 온도에 유의한다.
- 케찹소스는 물을 많이 사용하지 않으며 완성 시 농도가 묽지 않도록 한다.

09. 새우케찹볶음

10 마파두부
麻婆豆腐 마파두부

시험시간 25분

수험자 유의사항 공통

1) 만드는 순서에 유의하며, 위생과 숙련된 기능평가를 위하여 조리작업 시 맛을 보지 않습니다.
2) 지정된 수험자지참준비물 이외의 조리기구나 재료를 시험장내에 지참할 수 없습니다.
3) 지급재료는 시험 전 확인하여 이상이 있을 경우 시험위원으로부터 조치를 받고 시험 중에는 재료의 교환 및 추가 지급은 하지 않습니다.
4) 요구사항 및 지급재료의 규격은 "정도"의 의미를 포함하며, 재료의 크기에 따라 가감하여 채점됩니다.
5) 위생복, 위생모, 앞치마를 착용하여야 하며, 시험장비·조리기구 취급 등 안전에 유의합니다.
6) 다음 사항은 실격에 해당하여 채점 대상에서 제외됩니다.
   가) 수험자 본인이 시험 도중 시험에 대한 포기 의사를 표현하는 경우
   나) 위생복, 위생모, 앞치마, 마스크를 착용하지 않은 경우
   다) 시험시간 내에 과제 두 가지를 제출하지 못한 경우
   라) 문제의 요구사항대로 과제의 수량이 만들어지지 않은 경우
   마) 구이를 조림 등으로 조리하여 완성품을 요구사항과 다르게 만든 경우
   바) 불을 사용하여 만든 조리작품이 작품특성에 벗어나는 정도로 타거나 익지 않은 경우
   사) 해당과제의 지급재료 이외 재료를 사용하거나 석쇠 등 요구사항의 조리기구를 사용하지 않은 경우
   아) 지정된 수험자지참준비물 이외의 조리기구를 조리에 사용한 경우
   자) 가스레인지 화구 2개 이상(2개 포함) 사용한 경우
   차) 시험 중 시설 장비(칼, 가스레인지 등) 사용 시 시험위원 및 타수험자의 시험 진행에 위해를 일으킬 것으로 시험위원 전원이 합의하여 판단한 경우
   카) 요구사항에 표시된 실격 및 부정행위에 해당하는 경우
7) 항목별 배점은 위생상태 및 안전관리 5점, 조리기술 30점, 작품의 평가 15점입니다.
8) 시험시작 전 가벼운 몸 풀기(스트레칭) 동작으로 긴장을 풀고 시험을 시작합니다.

지급재료목록

- 두부 150g
- 돼지등심(살코기) 50g
- 홍고추(생) 1/2개
- 두반장 10g
- 마늘 2쪽
- 진간장 10g
- 생강 5g
- 고춧가루 15g
- 대파(흰대) 6cm
- 녹말가루 15g
- 식용유 60㎖
- 흰설탕 5g
- 참기름 5㎖
- 검은후춧가루 5g

요구사항

가. 두부는 1.5㎝의 주사위 모양으로 써시오.
나. 두부가 으깨어지지 않게 하시오.
다. 고추기름을 만들어 사용하시오.

만드는 방법

1. 냄비에 두부 삶을 물을 올린다.
   두부는 사방 1.5cm 조금 안되도록 썬다.
   ★ 두부는 데치면 크기가 커진다.

2. 물이 끓으면 두부를 데친다.
   데친두부의 형태가 찌그러지지않도록 접시에 잠시 펼쳐놓는다.

3. 홍고추는 0.5cm 로 썬다.

4. 대파, 생강, 마늘은 다지고 다진 돼지고기는 한 번 더 다져 키친타올에 올려 핏물을 제거한다. 물전분을 만들어 준비한다.

5. 식용유 4큰술을 끓여 고춧가루 그릇에 부어 고추기름을 만들어 면포에 내린다.
   ★ 달군 팬에 고춧가루를 넣으면 불 조절에 실패하여 고추기름을 새까맣게 태울 수 있으니 기름 온도에 주의한다.

6. 달군 팬에 고추기름 일부를 넣고 대파, 마늘, 생강을 먼저 넣어 볶다가 홍고추를 넣고 볶아 매운 향을 증가시킨다.

PART 01 _ 중식조리기능사

7 6에 다진 돼지고기를 넣고 볶으면서 두반장 2t를 넣어 조금 더 볶아준다.

8 7에 물 200㎖ 붓고 끓이면서 설탕 1t, 간장 2t로 간을 한 후 물전분을 넣어 적당한 농도를 확인한다.
남은 고추기름도 모두 넣어준다.

9 데친 두부를 넣고 두부가 깨지지 않도록 섞어준 후 농도가 적당한 지 다시 확인하고 참기름 1t를 넣어 완성한다.

합격을 위한 TIP

- 두부는 데치면 약간 커지므로 썰 때 기준규격보다 크게 썰지 않는다.
- 고추기름을 타지 않게 볶으려면 기름을 달궈서 고춧가루 그릇에 붓는다.
- 고추기름은 처음 볶을 때와 마지막 볶을 때 전량 넣어 붉은색이 되도록 한다.

10. 마파두부

11 경장육사

京醬肉絲 경장육사

시험시간 30분

수험자 유의사항 공통

1) 만드는 순서에 유의하며, 위생과 숙련된 기능평가를 위하여 조리작업 시 맛을 보지 않습니다.
2) 지정된 수험자지참준비물 이외의 조리기구나 재료를 시험장내에 지참할 수 없습니다.
3) 지급재료는 시험 전 확인하여 이상이 있을 경우 시험위원으로부터 조치를 받고 시험 중에는 재료의 교환 및 추가 지급은 하지 않습니다.
4) 요구사항 및 지급재료의 규격은 "정도"의 의미를 포함하며, 재료의 크기에 따라 가감하여 채점됩니다.
5) 위생복, 위생모, 앞치마를 착용하여야 하며, 시험장비·조리기구 취급 등 안전에 유의합니다.
6) 다음 사항은 실격에 해당하여 채점 대상에서 제외됩니다.
    가) 수험자 본인이 시험 도중 시험에 대한 포기 의사를 표현하는 경우
    나) 위생복, 위생모, 앞치마, 마스크를 착용하지 않은 경우
    다) 시험시간 내에 과제 두 가지를 제출하지 못한 경우
    라) 문제의 요구사항대로 과제의 수량이 만들어지지 않은 경우
    마) 구이를 조림 등으로 조리하여 완성품을 요구사항과 다르게 만든 경우
    바) 불을 사용하여 만든 조리작품이 작품특성에 벗어나는 정도로 타거나 익지 않은 경우
    사) 해당과제의 지급재료 이외 재료를 사용하거나 석쇠 등 요구사항의 조리기구를 사용하지 않은 경우
    아) 지정된 수험자지참준비물 이외의 조리기구를 조리에 사용한 경우
    자) 가스레인지 화구 2개 이상(2개 포함) 사용한 경우
    차) 시험 중 시설 장비(칼, 가스레인지 등) 사용 시 시험위원 및 타수험자의 시험 진행에 위해를 일으킬 것으로 시험위원 전원이 합의하여 판단한 경우
    카) 요구사항에 표시된 실격 및 부정행위에 해당하는 경우
7) 항목별 배점은 위생상태 및 안전관리 5점, 조리기술 30점, 작품의 평가 15점입니다.
8) 시험시작 전 가벼운 몸 풀기(스트레칭) 동작으로 긴장을 풀고 시험을 시작합니다.

지급재료목록

- 돼지등심(살코기) 150g
- 죽순(통조림) 100g
- 달걀 1개
- 굴소스 30㎖
- 춘장 50g
- 진간장 30㎖
- 청주 30㎖
- 참기름 5㎖
- 녹말가루 50g
- 생강 5g
- 마늘 1쪽
- 대파(3토막) 6cm
- 흰설탕 30g
- 식용유 300㎖

요구사항

가. 돼지고기는 길이 5㎝의 얇은 채로 썰고, 간을 하여 초벌 하시오.
나. 춘장은 기름에 볶아서 사용하시오.
다. 대파 채는 길이 5㎝로 어슷하게 채 썰어 매운맛을 빼고 접시에 담으시오.

돼지고기 5cm
대파 5cm

만드는 방법

1 냄비에 죽순 데칠 물을 올린다. 대파는 길게 반으로 잘라 심지를 빼고 5cm로 어슷하고 가늘게 채 썬다.

2 대파채는 찬물에 담가 매운맛을 제거한다.

3 죽순은 끓는 물에 데친 후 채 썬다. 마늘, 생강도 채 썬다. 돼지고기를 얇게 포를 뜬 후 간장 1t, 청주 1t로 밑간 후 녹말 1t, 달걀흰자 1t를 넣는다.

4 팬에 식용유 4T를 넣고 팬이 약하게 달궈지면 돼지고기를 넣고 젓가락으로 저어가며 데쳐낸다. 체에 밭쳐 기름을 뺀다.

5 팬에 식용유 5T, 춘장 2T를 넣고 중약불로 타지 않게 볶아 준비한다.
물전분을 만들어 준비한다.
★ 춘장을 센불에 오래 볶으면 딱딱해지니 불을 낮추고 볶는다.

6 달군 팬에 기름을 두르고 생강을 볶다가 간장 1t, 청주 1t를 넣고 향을 낸다.

PART 01 _ 중식조리기능사

7 6에 죽순과 돼지고기를 넣고 볶은 춘장, 굴소스 1T, 설탕1t, 물 3T를 넣고 잘 섞이도록 볶은 다음 물전분으로 농도를 맞춘 후 참기름을 넣고 완성한다.

8 볶은 짜장 고기를 접시에 잠시 식힌다.
★ 볶은 짜장 고기를 파채 위에 바로 올리기도 하지만 파채 수분을 제거하는 동안 잠시 식히면 단정하게 담아낼 수 있다.

9 파채는 마른행주로 수분을 제거한다. 완성 그릇에 파채를 도넛 모양으로 담고 그 중앙에 볶은 짜장 고기를 소복이 단정하게 담아낸다.

합격을 위한 TIP

- 파 채는 심지를 제거하고 사선으로 곱게 썰어 찬물에 담갔다가 사용한다.
- 춘장은 센 불에 볶으면 뭉치고 딱딱해지니 중약불로 볶고, 식용유를 넉넉히 한다.
- 경장육사의 농도가 묽으면 담다가 파 채에 스며드니 농도를 잘 맞추어야 한다.
- 볶은 경장육사를 바로 담지 않고 접시에서 모양을 잡아 파 채 위에 올리면 깔끔하다.

11. 경장육사

12 유니짜장면

肉泥炸醬面 육니작장면

시험시간 **30분**

수험자 유의사항 공통

1) 만드는 순서에 유의하며, 위생과 숙련된 기능평가를 위하여 조리작업 시 맛을 보지 않습니다.
2) 지정된 수험자지참준비물 이외의 조리기구나 재료를 시험장내에 지참할 수 없습니다.
3) 지급재료는 시험 전 확인하여 이상이 있을 경우 시험위원으로부터 조치를 받고 시험 중에는 재료의 교환 및 추가 지급은 하지 않습니다.
4) 요구사항 및 지급재료의 규격은 "정도"의 의미를 포함하며, 재료의 크기에 따라 가감하여 채점됩니다.
5) 위생복, 위생모, 앞치마를 착용하여야 하며, 시험장비·조리기구 취급 등 안전에 유의합니다.
6) 다음 사항은 실격에 해당하여 채점 대상에서 제외됩니다.
   가) 수험자 본인이 시험 도중 시험에 대한 포기 의사를 표현하는 경우
   나) 위생복, 위생모, 앞치마, 마스크를 착용하지 않은 경우
   다) 시험시간 내에 과제 두 가지를 제출하지 못한 경우
   라) 문제의 요구사항대로 과제의 수량이 만들어지지 않은 경우
   마) 구이를 조림 등으로 조리하여 완성품을 요구사항과 다르게 만든 경우
   바) 불을 사용하여 만든 조리작품이 작품특성에 벗어나는 정도로 타거나 익지 않은 경우
   사) 해당과제의 지급재료 이외 재료를 사용하거나 석쇠 등 요구사항의 조리기구를 사용하지 않은 경우
   아) 지정된 수험자지참준비물 이외의 조리기구를 조리에 사용한 경우
   자) 가스레인지 화구 2개 이상(2개 포함) 사용한 경우
   차) 시험 중 시설 장비(칼, 가스레인지 등) 사용 시 시험위원 및 타수험자의 시험 진행에 위해를 일으킬 것으로 시험위원 전원이 합의하여 판단한 경우
   카) 요구사항에 표시된 실격 및 부정행위에 해당하는 경우
7) 항목별 배점은 위생상태 및 안전관리 5점, 조리기술 30점, 작품의 평가 15점입니다.
8) 시험시작 전 가벼운 몸 풀기(스트레칭) 동작으로 긴장을 풀고 시험을 시작합니다.

지급재료목록

- 돼지등심(다진살코기) 50g
- 중화면(생면) 150g
- 양파 150g 중(1개)
- 호박 50g
- 오이 1/4 개
- 식용유 100㎖
- 생강 10g
- 춘장 50g
- 녹말가루 50g
- 소금 10g
- 진간장 50㎖
- 흰설탕 20g
- 청주 50㎖
- 참기름 10㎖

요구사항

가. 춘장은 기름에 볶아서 사용하시오.
나. 양파, 호박은 0.5×0.5㎝ 크기의 네모꼴로 써시오.
다. 중화면은 끓는 물에 삶아 찬물에 헹군 후 데쳐 사용하시오.
라. 삶은 면에 짜장소스를 부어 오이채를 올려내시오.

양파, 호박 0.5cm

12. 유니짜장면

1 냄비에 면 삶을 물을 올리고 채소를 씻는다.
양파, 호박은 사방 0.5cm로 썬다.

2 생강은 다진다.
오이는 어슷하게 6cm로 가늘게 채 썬다.

3 끓는 물에 소금과 면을 넣어 3분 정도 삶은 후 찬물에 헹군다.
★ 냉동면 제공시 한소끔 끓여내고 건져낸다.

4 물전분을 만든다(녹말가루 2T : 물 2T)

5 팬에 식용유 5T, 춘장 2T를 넣고 중약불로 타지 않게 볶는다.
★ 춘장을 센불에 오래 볶으면 딱딱해지니 불을 낮추고 볶는다.

6 달군 팬에 기름을 두르고 생강을 볶다가 간장 1t, 청주 1t로 향을 낸다.

7 6에 양파, 호박을 볶다가 돼지고기를 넣고 볶은 후 볶은 춘장과 물 200㎖를 넣고 끓이면서 설탕 1T, 간장 1T, 청주 1T로 간한다. 여기에 물녹말 1.5T 정도를 넣어 농도를 맞춘 후 참기름을 넣어 완성한다.

8 끓는 물에 삶아둔 면을 다시 데운다. 김이 모락모락 올라오는 면을 완성 그릇에 담는다.

9 뜨거운 면 위에 짜장소스를 끼얹고 오이채를 고명으로 올려 완성한다.
★ 짜장소스를 면 위에 덮을 때 면이 보이도록 덮어주어도 된다.

합격을 위한 TIP

- 춘장은 센 불에 볶지 않는다.
- 면을 다시 뜨겁게 데워 사용한다.
- 짜장소스의 농도에 유의한다.

울면
温滷麵 온노면

시험시간 30분

수험자 유의사항 공통

1) 만드는 순서에 유의하며, 위생과 숙련된 기능평가를 위하여 조리작업 시 맛을 보지 않습니다.
2) 지정된 수험자지참준비물 이외의 조리기구나 재료를 시험장내에 지참할 수 없습니다.
3) 지급재료는 시험 전 확인하여 이상이 있을 경우 시험위원으로부터 조치를 받고 시험 중에는 재료의 교환 및 추가 지급은 하지 않습니다.
4) 요구사항 및 지급재료의 규격은 "정도"의 의미를 포함하며, 재료의 크기에 따라 가감하여 채점됩니다.
5) 위생복, 위생모, 앞치마를 착용하여야 하며, 시험장비·조리기구 취급 등 안전에 유의합니다.
6) 다음 사항은 실격에 해당하여 채점 대상에서 제외됩니다.
   가) 수험자 본인이 시험 도중 시험에 대한 포기 의사를 표현하는 경우
   나) 위생복, 위생모, 앞치마, 마스크를 착용하지 않은 경우
   다) 시험시간 내에 과제 두 가지를 제출하지 못한 경우
   라) 문제의 요구사항대로 과제의 수량이 만들어지지 않은 경우
   마) 구이를 조림 등으로 조리하여 완성품을 요구사항과 다르게 만든 경우
   바) 불을 사용하여 만든 조리작품이 작품특성에 벗어나는 정도로 타거나 익지 않은 경우
   사) 해당과제의 지급재료 이외 재료를 사용하거나 석쇠 등 요구사항의 조리기구를 사용하지 않은 경우
   아) 지정된 수험자지참준비물 이외의 조리기구를 조리에 사용한 경우
   자) 가스레인지 화구 2개 이상(2개 포함) 사용한 경우
   차) 시험 중 시설 장비(칼, 가스레인지 등) 사용 시 시험위원 및 타수험자의 시험 진행에 위해를 일으킬 것으로 시험위원 전원이 합의하여 판단한 경우
   카) 요구사항에 표시된 실격 및 부정행위에 해당하는 경우
7) 항목별 배점은 위생상태 및 안전관리 5점, 조리기술 30점, 작품의 평가 15점입니다.
8) 시험시작 전 가벼운 몸 풀기(스트레칭) 동작으로 긴장을 풀고 시험을 시작합니다.

지급재료목록

- 중화면(생면) 150g
- 작은새우살 20g
- 오징어몸통 50g
- 조선부추 10g
- 배추잎 20g
- 달걀 1개
- 건목이버섯 1개
- 당근 20g 6cm
- 양파 1/4개
- 진간장 5㎖
- 마늘 3쪽
- 청주 30㎖
- 대파(1토막 흰부분) 6cm
- 참기름 5㎖
- 소금 5g
- 흰후춧가루 3g
- 녹말가루 20g

요구사항

가. 오징어, 대파, 양파, 당근, 배추잎은 6㎝ 길이로 채를 써시오.
나. 중화면은 끓는 물에 삶아 찬물에 행군 후 데쳐 사용하시오.
다. 소스는 농도를 잘 맞춘 다음, 달걀을 풀 때 덩어리지지 않게 하시오.

오징어, 대파, 양파, 당근, 배추잎 6cm

1. 냄비에 면 삶을 물을 올린다.
당근, 배추, 부추, 양파는 6cm로 채 썰고, 마늘, 대파도 채 썬다. 목이버섯은 물에 불려 손으로 뜯어 준비한다.

2. 끓는 물에 소금 약간을 넣고 면을 3분(물 3번) 정도 삶는다.
★ 냉동면 제공시 한소끔 끓여내고 건져낸다.

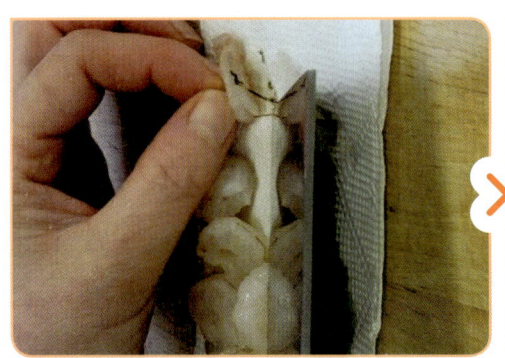

3. 새우는 내장을 제거한다.
★ 냄비에 면 데칠 물을 끓인다.

4. 오징어가 익었을 때 말리지 않는 방향으로 6cm 채 썬다.

5. 물전분(녹말 20g+물 20g)을 준비한다.

6. 달걀은 풀어 체에 내려 준비한다.

PART 01 _ 중식조리기능사

7 냄비에 물 3컵을 넣고 끓이면서 마늘, 대파, 간장 1t, 소금 1t, 청주 1T, 양파, 배추, 목이버섯, 당근 순으로 넣고 오징어, 새우를 넣는다. 거품을 제거하고 물전분을 넣어 농도를 맞춘다.
★ 물량을 많이 잡으면 물녹말이 부족해 소스 농도가 묽어지니 3컵 이상을 붓지 않는다.

8 부추를 넣고 바로 달걀물을 가늘게 흘리듯 넣은 후 참기름을 넣어 완성한다.
★ 달걀물을 넣기 전 불을 낮추어 달걀이 부드럽게 익도록 하고, 달걀물을 넣자마자 바로 저으면 소스가 맑지 않으니 3초 후 젓는다.

9 삶아둔 면을 다시 데워 김이 모락모락 올라오는 면을 완성 그릇에 담은 후 소스를 부어 완성한다.

합격을 위한 TIP
- 달걀물이 뭉치지 않도록 불을 낮추고, 달걀물을 넣고 바로 휘젓지 않는다.
- 면을 다시 뜨겁게 데워 완성한다.

13. 울면

14 새우볶음밥
蝦仁炒飯 하인초반

시험시간 30분

수험자 유의사항 공통

1) 만드는 순서에 유의하며, 위생과 숙련된 기능평가를 위하여 조리작업 시 맛을 보지 않습니다.
2) 지정된 수험자지참준비물 이외의 조리기구나 재료를 시험장내에 지참할 수 없습니다.
3) 지급재료는 시험 전 확인하여 이상이 있을 경우 시험위원으로부터 조치를 받고 시험 중에는 재료의 교환 및 추가 지급은 하지 않습니다.
4) 요구사항 및 지급재료의 규격은 "정도"의 의미를 포함하며, 재료의 크기에 따라 가감하여 채점됩니다.
5) 위생복, 위생모, 앞치마를 착용하여야 하며, 시험장비·조리기구 취급 등 안전에 유의합니다.
6) 다음 사항은 실격에 해당하여 채점 대상에서 제외됩니다.
   가) 수험자 본인이 시험 도중 시험에 대한 포기 의사를 표현하는 경우
   나) 위생복, 위생모, 앞치마, 마스크를 착용하지 않은 경우
   다) 시험시간 내에 과제 두 가지를 제출하지 못한 경우
   라) 문제의 요구사항대로 과제의 수량이 만들어지지 않은 경우
   마) 구이를 조림 등으로 조리하여 완성품을 요구사항과 다르게 만든 경우
   바) 불을 사용하여 만든 조리작품이 작품특성에 벗어나는 정도로 타거나 익지 않은 경우
   사) 해당과제의 지급재료 이외 재료를 사용하거나 석쇠 등 요구사항의 조리기구를 사용하지 않은 경우
   아) 지정된 수험자지참준비물 이외의 조리기구를 조리에 사용한 경우
   자) 가스레인지 화구 2개 이상(2개 포함) 사용한 경우
   차) 시험 중 시설 장비(칼, 가스레인지 등) 사용 시 시험위원 및 타수험자의 시험 진행에 위해를 일으킬 것으로 시험위원 전원이 합의하여 판단한 경우
   카) 요구사항에 표시된 실격 및 부정행위에 해당하는 경우
7) 항목별 배점은 위생상태 및 안전관리 5점, 조리기술 30점, 작품의 평가 15점입니다.
8) 시험시작 전 가벼운 몸 풀기(스트레칭) 동작으로 긴장을 풀고 시험을 시작합니다.

지급재료목록

- 쌀(불려서 제공) 150g
- 작은새우살 30g
- 달걀 1개
- 당근 20g
- 청피망 1/3개 75g
- 대파(흰부분 1토막) 6cm
- 식용유 50㎖
- 소금 5g
- 흰후춧가루 5g

요구사항

가. 새우는 내장을 제거하고 데쳐서 사용하시오.
나. 채소는 0.5㎝ 크기의 주사위 모양으로 써시오.
다. 부드럽게 볶은 달걀에 밥, 채소, 새우를 넣어 질지 않게 볶아 전량 제출하시오.

채소 0.5cm

14. 새우볶음밥

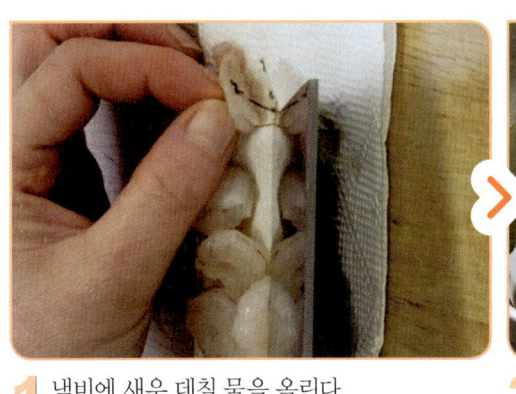

1 냄비에 새우 데칠 물을 올린다.
새우는 내장을 제거한다.

2 끓는 물에 새우살을 데친다.

3 불린 쌀을 씻어 체에 건진 후 쌀과 물을 동량으로 하여 밥이 질지 않도록 짓는다.
강불 1분 → 약불 7분 → 뜸 3분

4 당근, 피망은 사방 0.5cm 썬다.

5 대파는 다지고, 밥은 그릇에 퍼서 식힌다.

6 달걀은 소금을 조금 넣어 풀어서 체에 내려 사용하면 달걀흰자 얼룩도 없애고, 부드럽다.

PART 01 _ 중식조리기능사

7 달군 팬에 식용유 2T를 두르고 달걀 스크램블을 한다. 달걀이 너무 익으면 단단하니 반숙이 되었을 때 불을 끄고 주걱으로 작게 부순다.

8 7에 밥을 넣어 밥알이 뭉치지 않도록 볶으면서 소금 3g, 흰후추로 간 한다.
★ 밥을 충분히 볶아 밥알이 서로 붙지 않도록 한다.

9 여기에 채소를 넣고 볶다가 새우를 넣어 좀 더 볶아 완성한다.
★ 피망은 색을 살리기 위해 나중에 넣는다. 또, 참기름이 지급되지 않아 참기름은 넣지 않는다.

10 밥공기 중앙에 새우를 놓고 볶음밥을 눌러 담아 거꾸로 뒤집어 접시에 단정하게 담는다.

합격을 위한 TIP

- 새우는 데쳐서 사용하고, 밥을 타지 않게 지어 고슬고슬 지어낸다.
- 달걀 스크램블을 오래하면 단단해지므로 팬에서 완전히 익히지 않는다.
- 재료들이 타지 않도록 기름을 적당량 사용하여 볶아준다.

14. 새우볶음밥

탕수육

糖酢肉 당초육

시험시간 30분

수험자 유의사항 공통

1) 만드는 순서에 유의하며, 위생과 숙련된 기능평가를 위하여 조리작업 시 맛을 보지 않습니다.
2) 지정된 수험자지참준비물 이외의 조리기구나 재료를 시험장내에 지참할 수 없습니다.
3) 지급재료는 시험 전 확인하여 이상이 있을 경우 시험위원으로부터 조치를 받고 시험 중에는 재료의 교환 및 추가지급은 하지 않습니다.
4) 요구사항 및 지급재료의 규격은 "정도"의 의미를 포함하며, 재료의 크기에 따라 가감하여 채점됩니다.
5) 위생복, 위생모, 앞치마를 착용하여야 하며, 시험장비·조리기구 취급 등 안전에 유의합니다.
6) 다음 사항은 실격에 해당하여 채점 대상에서 제외됩니다.
   가) 수험자 본인이 시험 도중 시험에 대한 포기 의사를 표현하는 경우
   나) 위생복, 위생모, 앞치마, 마스크를 착용하지 않은 경우
   다) 시험시간 내에 과제 두 가지를 제출하지 못한 경우
   라) 문제의 요구사항대로 과제의 수량이 만들어지지 않은 경우
   마) 구이를 조림 등으로 조리하여 완성품을 요구사항과 다르게 만든 경우
   바) 불을 사용하여 만든 조리작품이 작품특성에 벗어나는 정도로 타거나 익지 않은 경우
   사) 해당과제의 지급재료 이외 재료를 사용하거나 석쇠 등 요구사항의 조리기구를 사용하지 않은 경우
   아) 지정된 수험자지참준비물 이외의 조리기구를 조리에 사용한 경우
   자) 가스레인지 화구 2개 이상(2개 포함) 사용한 경우
   차) 시험 중 시설 장비(칼, 가스레인지 등) 사용 시 시험위원 및 타수험자의 시험 진행에 위해를 일으킬 것으로 시험위원 전원이 합의하여 판단한 경우
   카) 요구사항에 표시된 실격 및 부정행위에 해당하는 경우
7) 항목별 배점은 위생상태 및 안전관리 5점, 조리기술 30점, 작품의 평가 15점입니다.
8) 시험시작 전 가벼운 몸 풀기(스트레칭) 동작으로 긴장을 풀고 시험을 시작합니다.

지급재료목록

- 돼지등심 200g
- 오이 1/4개
- 달걀 1개
- 당근 30g
- 양파 1/4개
- 녹말가루 100g
- 청주 15㎖
- 진간장 15g
- 건목이버섯 1개
- 식초 50㎖
- 흰설탕 100g
- 완두콩 15g 통조림
- 대파(흰부분 1토막) 6cm
- 식용유 800㎖

요구사항

가. 돼지고기는 길이 4㎝, 두께 1㎝의 긴 사각형 크기로 써시오.
나. 채소는 편으로 써시오.
다. 앙금녹말을 만들어 사용하시오.
라. 소스는 달콤하고 새콤한 맛이 나도록 만들어 돼지고기에 버무려 내시오.

돼지고기 4cm

15. 탕수육

 만드는 방법

1 냄비에 완두콩 데칠 물을 올리고, 소스에 넣을 녹말가루 1T를 남긴 후, 앙금녹말(녹말가루 6T에 물 6T)을 만든다.
★ 앙금녹말을 만들 때 휘젓지 않는다.

2 끓는 물에 완두콩을 데친다.
목이버섯은 물을 넣어 불린다.
튀김 할 기름을 예열한다.

3 당근, 양파, 오이는 4cm 편 썰고, 대파는 채소보다는 약간 작게 편 썬다. 목이버섯은 손으로 뜯어 놓는다.

4 돼지고기는 4×1×1cm 사각의 긴 스틱 모양으로 썰어 간장 1t, 청주 1t로 밑간한다.

5 밑간한 돼지고기에 달걀흰자 1t와 앙금녹말을 넣어 튀김옷을 입힌다.

6 기름온도를 확인하고, 160~170℃에 밑간한 돼지고기를 두 번 노릇하고 바삭하게 튀긴다.

PART 01 _ **중식조리기능사**

7 물전분을 만든다.

8 달군 팬에 기름을 두르고 대파를 먼저 볶아 향을 낸 다음 양파, 당근, 목이버섯, 완두콩을 넣어 볶다가 물 200㎖을 넣고 끓이면서 간장 1T, 설탕 3T, 식초 3T로 간한다. 여기에 물전분 1.5T 정도를 넣고 소스 농도를 맞춘다.

9 소스농도가 적당한지 확인한 후 튀긴 고기와 오이를 넣어 버무린다.
★ 오이는 색이 변하니 나중에 넣는다.

합격을 위한 TIP

- 앙금녹말을 만들어 반드시 튀김옷에 사용하고, 물녹말을 만들어 소스에 사용한다.
- 튀김온도가 적당한지 확인하고, 고기는 바삭하게 두 번 튀겨낸다.
- 탕수소스는 색과 농도를 잘 맞추어 낸다.

16 탕수생선살
糖醋魚塊 당초어괴

시험시간 30분

수험자 유의사항 공통

1) 만드는 순서에 유의하며, 위생과 숙련된 기능평가를 위하여 조리작업 시 맛을 보지 않습니다.
2) 지정된 수험자지참준비물 이외의 조리기구나 재료를 시험장내에 지참할 수 없습니다.
3) 지급재료는 시험 전 확인하여 이상이 있을 경우 시험위원으로부터 조치를 받고 시험 중에는 재료의 교환 및 추가 지급은 하지 않습니다.
4) 요구사항 및 지급재료의 규격은 "정도"의 의미를 포함하며, 재료의 크기에 따라 가감하여 채점됩니다.
5) 위생복, 위생모, 앞치마를 착용하여야 하며, 시험장비·조리기구 취급 등 안전에 유의합니다.
6) 다음 사항은 실격에 해당하여 채점 대상에서 제외됩니다.
   가) 수험자 본인이 시험 도중 시험에 대한 포기 의사를 표현하는 경우
   나) 위생복, 위생모, 앞치마, 마스크를 착용하지 않은 경우
   다) 시험시간 내에 과제 두 가지를 제출하지 못한 경우
   라) 문제의 요구사항대로 과제의 수량이 만들어지지 않은 경우
   마) 구이를 조림 등으로 조리하여 완성품을 요구사항과 다르게 만든 경우
   바) 불을 사용하여 만든 조리작품이 작품특성에 벗어나는 정도로 타거나 익지 않은 경우
   사) 해당과제의 지급재료 이외 재료를 사용하거나 석쇠 등 요구사항의 조리기구를 사용하지 않은 경우
   아) 지정된 수험자지참준비물 이외의 조리기구를 조리에 사용한 경우
   자) 가스레인지 화구 2개 이상(2개 포함) 사용한 경우
   차) 시험 중 시설 장비(칼, 가스레인지 등) 사용 시 시험위원 및 타수험자의 시험 진행에 위해를 일으킬 것으로 시험위원 전원이 합의하여 판단한 경우
   카) 요구사항에 표시된 실격 및 부정행위에 해당하는 경우
7) 항목별 배점은 위생상태 및 안전관리 5점, 조리기술 30점, 작품의 평가 15점입니다.
8) 시험시작 전 가벼운 몸 풀기(스트레칭) 동작으로 긴장을 풀고 시험을 시작합니다.

지급재료목록

- 흰생선살 150g
- 당근 30g
- 달걀 1개
- 건목이버섯 1개
- 식초 60㎖
- 녹말가루 100g
- 오이 1/6개
- 완두콩 20g
- 파인애플 1쪽
- 진간장 30g
- 흰설탕 100g
- 식용유 600㎖

요구사항

가. 생선살은 1×4㎝ 크기로 썰어 사용하시오.
나. 채소는 편으로 썰어 사용하시오.

16. 탕수생선살

1 냄비에 물을 올려 완두콩을 데친다.
앙금녹말을 만든다.(녹말가루 6T : 물 6T)
★ 앙금녹말을 만들 때 휘젓지 않는다.

2 목이버섯은 물을 넣어 불린다.
당근, 오이는 4cm 정도로 편 썬다.
튀김할 기름을 예열한다.

3 생선살은 4×1×1cm 썰어 달걀흰자 1T와 앙금 녹말을 넣어 튀김옷을 입힌다.(생선살 수분 제거 중요)

4 불린 목이버섯을 씻어 뜯어 놓는다.
파인애플은 토막 낸다.

5 소스에 사용할 물전분을 만들어 준비한다.

6 튀김옷을 넣어 기름 온도를 확인하고 생선살을 넣고 두 번 바삭하게 튀긴다.

7 기름을 털어내고 완성그릇에 담아 놓는다.

8 달군 팬에 기름을 두르고 당근을 먼저 넣어 볶다가 목이버섯, 완두콩을 넣는다.

9 여기에 물 200㎖와 파인애플을 넣고 끓이면서 간장 1T, 설탕 3T, 식초 3T를 넣어 간한 후 물전분을 넣어 농도를 맞춘다.
농도가 적당한지 확인하고 마지막에 오이를 넣고 살짝 버무려 소스를 완성한다.
생선튀김 위에 소스를 부어 완성한다.
★ 생선튀김을 소스에 넣고 버무려도 되지만 버무릴 때 생선살이 부서질 수 있으니 튀긴 생선을 접시에 담고, 그 위에 소스를 끼얹어도 된다.

합격을 위한 TIP

- 📖 생선은 마른행주로 싸서 수분을 잘 제거해서 튀겨야 부서지지 않는다.
- 📖 튀김온도가 낮으면 튀김이 바삭하지 않으니 꼭 확인하고 바삭하게 두 번 튀겨낸다.
- 📖 탕수소스 농도가 너무 묽지 않도록 만들고 소스를 오래 끓여 탁하지 않도록 한다.

17 라조기

辣椒鷄 랄초계

시험시간 30분

수험자 유의사항 공통

1) 만드는 순서에 유의하며, 위생과 숙련된 기능평가를 위하여 조리작업 시 맛을 보지 않습니다.
2) 지정된 수험자지참준비물 이외의 조리기구나 재료를 시험장내에 지참할 수 없습니다.
3) 지급재료는 시험 전 확인하여 이상이 있을 경우 시험위원으로부터 조치를 받고 시험 중에는 재료의 교환 및 추가 지급은 하지 않습니다.
4) 요구사항 및 지급재료의 규격은 "정도"의 의미를 포함하며, 재료의 크기에 따라 가감하여 채점됩니다.
5) 위생복, 위생모, 앞치마를 착용하여야 하며, 시험장비·조리기구 취급 등 안전에 유의합니다.
6) 다음 사항은 실격에 해당하여 채점 대상에서 제외됩니다.
   가) 수험자 본인이 시험 도중 시험에 대한 포기 의사를 표현하는 경우
   나) 위생복, 위생모, 앞치마, 마스크를 착용하지 않은 경우
   다) 시험시간 내에 과제 두 가지를 제출하지 못한 경우
   라) 문제의 요구사항대로 과제의 수량이 만들어지지 않은 경우
   마) 구이를 조림 등으로 조리하여 완성품을 요구사항과 다르게 만든 경우
   바) 불을 사용하여 만든 조리작품이 작품특성에 벗어나는 정도로 타거나 익지 않은 경우
   사) 해당과제의 지급재료 이외 재료를 사용하거나 석쇠 등 요구사항의 조리기구를 사용하지 않은 경우
   아) 지정된 수험자지참준비물 이외의 조리기구를 조리에 사용한 경우
   자) 가스레인지 화구 2개 이상(2개 포함) 사용한 경우
   차) 시험 중 시설 장비(칼, 가스레인지 등) 사용 시 시험위원 및 타수험자의 시험 진행에 위해를 일으킬 것으로 시험위원 전원이 합의하여 판단한 경우
   카) 요구사항에 표시된 실격 및 부정행위에 해당하는 경우
7) 항목별 배점은 위생상태 및 안전관리 5점, 조리기술 30점, 작품의 평가 15점입니다.
8) 시험시작 전 가벼운 몸 풀기(스트레칭) 동작으로 긴장을 풀고 시험을 시작합니다.

지급재료목록

- 닭다리 1.2kg 1개
- 홍고추 1개
- 양송이1개 통조림
- 죽순 50g
- 달걀 1개
- 건표고버섯 1개
- 청피망 1/3개
- 청경채 1포기
- 청주 15㎖
- 소금 5g
- 식용유 900㎖
- 생강 5g
- 마늘 1쪽
- 대파 2토막 6cm
- 고추기름 10㎖
- 녹말가루 100g
- 진간장 30g
- 검은후춧가루 1g

요구사항

가. 닭은 뼈를 발라낸 후 5×1㎝의 길이로 써시오.
나. 채소는 5×2㎝의 길이로 써시오.

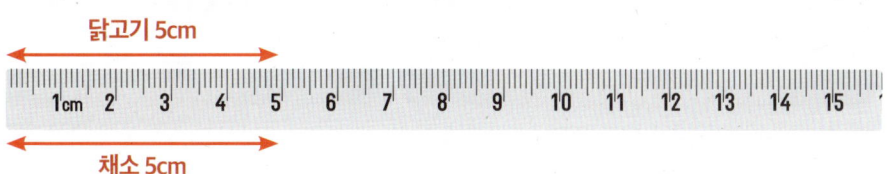

17. 라조기

만드는 방법

1 냄비에 채소 데칠 물을 올린다. 청경채, 죽순, 표고버섯, 양송이는 5×2cm로 편 썰어 데친다. 대파, 생강, 마늘은 편 썬다.

2 닭을 씻어 물기를 닦아내고 뼈를 능숙하게 발라낸다. 닭살을 5×1×1cm 길이로 썬다.

3 닭살에 간장 1t, 청주 1t, 소금, 후추로 밑간 한 후 달걀흰자 1T, 녹말가루(앙금녹말)를 넣어 튀김옷을 입힌다.
★ 지급된 생강을 다져서 고기에 넣어도 되고 생략해도 무방하다.

4 건고추는 씨를 제거하고 옆으로 어슷하게 5×2cm로 썬다.

5 튀김옷을 조금 넣어 튀김 온도(160℃)를 확인하고 닭살을 튀긴다.

6 두 번 노릇하고 바삭하게 튀긴 후 기름을 톡톡 털어 준비한다.

7 소스에 사용할 물전분을 준비한다.

8 달군 팬에 고추기름 1T를 두르고 대파, 마늘, 생강, 건고추를 먼저 볶은 후 간장 1t, 청주 1t를 넣고 매운향을 낸다.

9 여기에 표고버섯, 양송이, 죽순을 넣고 볶다가 물 200㎖를 넣고 끓으면 간장 1T, 소금 약간, 후추로 간을 한 후 물전분으로 농도를 맞추고 튀긴 닭고기, 피망, 청경채도 넣는다. 남은 고추기름을 마저 넣고 살짝 버무려 완성한다.

★ 참기름이 지급재료에 없으니 참기름은 사용하지 않는다.

합격을 위한 TIP

- 닭 발골을 능숙하게 하고, 일정한 크기로 길게 5cm로 자른다.
- 튀김 온도를 꼭 확인해 타지 않도록, 바삭하게 두 번 튀겨낸다.
- 지급된 고추기름을 전량 사용하여, 소스의 색이 붉게 조리되어야 한다.

깐풍기

乾亨鷄 건팽계

시험시간 30분

수험자 유의사항 공통

1) 만드는 순서에 유의하며, 위생과 숙련된 기능평가를 위하여 조리작업 시 맛을 보지 않습니다.
2) 지정된 수험자지참준비물 이외의 조리기구나 재료를 시험장내에 지참할 수 없습니다.
3) 지급재료는 시험 전 확인하여 이상이 있을 경우 시험위원으로부터 조치를 받고 시험 중에는 재료의 교환 및 추가 지급은 하지 않습니다.
4) 요구사항 및 지급재료의 규격은 "정도"의 의미를 포함하며, 재료의 크기에 따라 가감하여 채점됩니다.
5) 위생복, 위생모, 앞치마를 착용하여야 하며, 시험장비·조리기구 취급 등 안전에 유의합니다.
6) 다음 사항은 실격에 해당하여 채점 대상에서 제외됩니다.
   가) 수험자 본인이 시험 도중 시험에 대한 포기 의사를 표현하는 경우
   나) 위생복, 위생모, 앞치마, 마스크를 착용하지 않은 경우
   다) 시험시간 내에 과제 두 가지를 제출하지 못한 경우
   라) 문제의 요구사항대로 과제의 수량이 만들어지지 않은 경우
   마) 구이를 조림 등으로 조리하여 완성품을 요구사항과 다르게 만든 경우
   바) 불을 사용하여 만든 조리작품이 작품특성에 벗어나는 정도로 타거나 익지 않은 경우
   사) 해당과제의 지급재료 이외 재료를 사용하거나 석쇠 등 요구사항의 조리기구를 사용하지 않은 경우
   아) 지정된 수험자지참준비물 이외의 조리기구를 조리에 사용한 경우
   자) 가스레인지 화구 2개 이상(2개 포함) 사용한 경우
   차) 시험 중 시설 장비(칼, 가스레인지 등) 사용 시 시험위원 및 타수험자의 시험 진행에 위해를 일으킬 것으로 시험위원 전원이 합의하여 판단한 경우
   카) 요구사항에 표시된 실격 및 부정행위에 해당하는 경우
7) 항목별 배점은 위생상태 및 안전관리 5점, 조리기술 30점, 작품의 평가 15점입니다.
8) 시험시작 전 가벼운 몸 풀기(스트레칭) 동작으로 긴장을 풀고 시험을 시작합니다.

지급재료목록

- 닭다리(반마리 지급가능) 1.2kg 1개
- 홍고추(생) 1/2개
- 마늘 3쪽
- 생강 5g
- 달걀 1개
- 대파 2토막 6cm
- 청피망 1/4개
- 소금 10g
- 청주 15㎖
- 진간장 15g
- 녹말가루 100g
- 식초 15㎖
- 검은후춧가루 1g
- 참기름 5g
- 식용유 800㎖
- 흰설탕 15g

요구사항

가. 닭은 뼈를 발라낸 후 사방 3cm 사각형으로 써시오.
나. 닭을 튀기기 전에 튀김옷을 입히시오.
다. 채소는 0.5×0.5cm로 써시오.

1 앙금녹말(녹말가루 6T : 물 6T)을 만든다. 청피망은 사방 0.5cm로 썬다.

2 홍고추는 사방 0.5cm로 썬다. 대파, 생강, 마늘은 다진다.

3 닭다리를 씻어 수분을 제거하고 능숙하게 뼈를 발라 낸다. 닭살은 사방 3cm 사각으로 썬다.

4 손질한 닭살에 소금, 간장 1t, 청주 1T, 후추로 밑간한 후 달걀흰자 1T, 앙금녹말을 넣어 옷을 입힌다.(생강즙은 생략해도 됨)

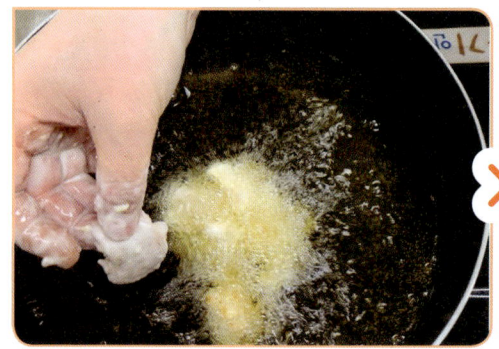

5 튀김온도 160℃를 확인하고 닭살을 튀긴다.

6 노릇하고 바삭하게 두 번 튀긴다.
★ 2차 튀김 온도는 약간 높게 올려 튀긴다.

PART 01 _ 중식조리기능사

7 달군 팬에 기름을 두르고 대파, 마늘, 생강을 먼저 볶다가 청주 1t, 간장 약간을 넣어 향을 낸다.

8 여기에 홍고추를 넣고 볶으면서 소스장(물 3T, 간장 1T, 설탕 1T, 식초 1T)과 후추로 간을 하고 튀긴 닭과 청피망을 넣고 조린다.
소스가 2T 정도 남으면 참기름을 넣는다.

9 완성접시에 소복하게 담아낸다.

합격을 위한 TIP

- 닭 발골을 능숙하게 하고, 사방 3cm로 잘라 일정한 크기로 두 번 튀겨낸다.
- 청,고추와 홍고추는 0.5cm로 사각 썰기하며, 청피망은 나중에 넣어 색을 살린다.
- 소스에 전분을 넣지 않으니 주의한다.

18. 깐풍기 101

19 홍쇼두부

紅燒豆腐 홍소두부

시험시간 30분

수험자 유의사항 공통

1) 만드는 순서에 유의하며, 위생과 숙련된 기능평가를 위하여 조리작업 시 맛을 보지 않습니다.
2) 지정된 수험자지참준비물 이외의 조리기구나 재료를 시험장내에 지참할 수 없습니다.
3) 지급재료는 시험 전 확인하여 이상이 있을 경우 시험위원으로부터 조치를 받고 시험 중에는 재료의 교환 및 추가지급은 하지 않습니다.
4) 요구사항 및 지급재료의 규격은 "정도"의 의미를 포함하며, 재료의 크기에 따라 가감하여 채점됩니다.
5) 위생복, 위생모, 앞치마를 착용하여야 하며, 시험장비·조리기구 취급 등 안전에 유의합니다.
6) 다음 사항은 실격에 해당하여 채점 대상에서 제외됩니다.
   가) 수험자 본인이 시험 도중 시험에 대한 포기 의사를 표현하는 경우
   나) 위생복, 위생모, 앞치마, 마스크를 착용하지 않은 경우
   다) 시험시간 내에 과제 두 가지를 제출하지 못한 경우
   라) 문제의 요구사항대로 과제의 수량이 만들어지지 않은 경우
   마) 구이를 조림 등으로 조리하여 완성품을 요구사항과 다르게 만든 경우
   바) 불을 사용하여 만든 조리작품이 작품특성에 벗어나는 정도로 타거나 익지 않은 경우
   사) 해당과제의 지급재료 이외 재료를 사용하거나 석쇠 등 요구사항의 조리기구를 사용하지 않은 경우
   아) 지정된 수험자지참준비물 이외의 조리기구를 조리에 사용한 경우
   자) 가스레인지 화구 2개 이상(2개 포함) 사용한 경우
   차) 시험 중 시설 장비(칼, 가스레인지 등) 사용 시 시험위원 및 타수험자의 시험 진행에 위해를 일으킬 것으로 시험위원 전원이 합의하여 판단한 경우
   카) 요구사항에 표시된 실격 및 부정행위에 해당하는 경우
7) 항목별 배점은 위생상태 및 안전관리 5점, 조리기술 30점, 작품의 평가 15점입니다.
8) 시험시작 전 가벼운 몸 풀기(스트레칭) 동작으로 긴장을 풀고 시험을 시작합니다.

지급재료목록

- 두부 150g
- 돼지등심(살코기) 50g
- 홍고추(생) 1개
- 건표고버섯 1개
- 죽순 30g 통조림
- 마늘 2쪽
- 청경채 1포기
- 생강 5g
- 달걀 1개
- 대파(흰대목) 6cm
- 양송이 1개 통조림
- 진간장 15g
- 청주 5㎖
- 녹말가루 10g
- 참기름 5g
- 식용유 500㎖

요구사항

가. 두부는 가로와 세로 5㎝, 두께 1㎝의 삼각형 크기로 써시오.
나. 채소는 편으로 써시오.
다. 두부는 으깨어지거나 붙지 않게 하고 갈색이 나도록 하시오.

돼지고기, 채소 5cm

19. 홍쇼두부

만드는 방법

1 냄비에 데칠 물을 올리고 채소를 씻는다. 양송이는 편 썰고, 청경채, 표고버섯, 죽순, 홍고추는 4×1.5cm로 편 썬다.

2 두부는 사방 5cm, 높이 1cm로 썰어 대각선으로 잘라 삼각형으로 썬다.

3 두부를 면포나 키친타올 위에 올려 수분을 뺀다.

★ 소금은 지급재료에 없어 사용하지 않는다.

4 양송이, 표고버섯, 죽순을 끓는 물에 데쳐서 4cm 편 썬다.(썰어서 데쳐도 됨)

5 대파, 마늘, 생강은 3cm 편 썬다. 소스에 사용할 물전분을 만든다.

6 돼지고기는 5×2cm로 얇게 편 썰어 청주, 간장으로 밑간한 후 달걀흰자와 녹말가루로 버무린다.

PART 01 _ 중식조리기능사

7 팬에 기름을 넉넉히 두르고 돼지고기를 평편하게 데쳐낸 후 두부를 넣어 노릇하게 유부색처럼 지진다.

★ 튀김솥이 제공될 경우 튀겨도 됨.

8 달군 팬에 기름을 두르고 대파, 생강, 마늘을 볶다가 청주 1T, 간장 1T를 넣어 볶은 후 표고버섯, 양송이, 죽순을 넣는다.

9 8에 홍고추를 넣고 볶다가 물100㎖를 넣고서 간장 1T를 넣는다. 여기에 튀긴 두부, 데친 고기, 청경채를 넣고서 물전분으로 농도를 맞춘 후 참기름을 넣어 완성한다.

★ 두부가 깨지지 않도록 전분을 넣고서 오래 볶지 않아야 한다.(소스가 너무 없을 경우 물추가 꼭 필요함)

합격을 위한 TIP

- 두부는 전체가 갈색나게 지져내고, 부서지지 않도록 한다.
- 돼지고기 "화'는 불을 낮추고 타지 않도록 한다.
- 소스량을 많지 않게 하고, 오래 볶으면 탁해지므로 빠르게 볶아낸다.

19. 홍쇼두부

20 양장피잡채

炒肉兩張皮 초육량장피

시험시간 35분

수험자 유의사항 공통

1) 만드는 순서에 유의하며, 위생과 숙련된 기능평가를 위하여 조리작업 시 맛을 보지 않습니다.
2) 지정된 수험자지참준비물 이외의 조리기구나 재료를 시험장내에 지참할 수 없습니다.
3) 지급재료는 시험 전 확인하여 이상이 있을 경우 시험위원으로부터 조치를 받고 시험 중에는 재료의 교환 및 추가 지급은 하지 않습니다.
4) 요구사항 및 지급재료의 규격은 "정도"의 의미를 포함하며, 재료의 크기에 따라 가감하여 채점됩니다.
5) 위생복, 위생모, 앞치마를 착용하여야 하며, 시험장비·조리기구 취급 등 안전에 유의합니다.
6) 다음 사항은 실격에 해당하여 채점 대상에서 제외됩니다.
   가) 수험자 본인이 시험 도중 시험에 대한 포기 의사를 표현하는 경우
   나) 위생복, 위생모, 앞치마, 마스크를 착용하지 않은 경우
   다) 시험시간 내에 과제 두 가지를 제출하지 못한 경우
   라) 문제의 요구사항대로 과제의 수량이 만들어지지 않은 경우
   마) 구이를 조림 등으로 조리하여 완성품을 요구사항과 다르게 만든 경우
   바) 불을 사용하여 만든 조리작품이 작품특성에 벗어나는 정도로 타거나 익지 않은 경우
   사) 해당과제의 지급재료 이외 재료를 사용하거나 석쇠 등 요구사항의 조리기구를 사용하지 않은 경우
   아) 지정된 수험자지참준비물 이외의 조리기구를 조리에 사용한 경우
   자) 가스레인지 화구 2개 이상(2개 포함) 사용한 경우
   차) 시험 중 시설 장비(칼, 가스레인지 등) 사용 시 시험위원 및 타수험자의 시험 진행에 위해를 일으킬 것으로 시험위원 전원이 합의하여 판단한 경우
   카) 요구사항에 표시된 실격 및 부정행위에 해당하는 경우
7) 항목별 배점은 위생상태 및 안전관리 5점, 조리기술 30점, 작품의 평가 15점입니다.
8) 시험시작 전 가벼운 몸 풀기(스트레칭) 동작으로 긴장을 풀고 시험을 시작합니다.

지급재료 목록

- 양장피 1/2장
- 돼지등심(살코기) 50g
- 조선부추 30g
- 양파 1/2개
- 당근 50g
- 오이 1/3
- 달걀 1개
- 건목이버섯 1개
- 식용유 20㎖
- 참기름 5㎖
- 작은새우살 50g
- 갑오징어살 50g
- 건해삼 60g
- 겨자 10g
- 흰설탕 30g
- 식초 50㎖
- 소금 5g
- 진간장 5㎖

요구사항

가. 양장피는 4㎝로 하시오.
나. 고기와 채소는 5㎝ 길이의 채를 써시오.
다. 겨자는 숙성시켜 사용하시오.
라. 볶은 재료와 볶지 않는 재료의 분별에 유의하여 담아내시오.

만드는 방법

1
* 냄비에 데칠 물을 올린다.
* 겨자가루는 물을 넣고 갠다.
* 양장피, 목이버섯은 불린다.
당근은 5cm 곱게 채 썰고, 오이는 돌려깎아 5cm로 채 썰어 완성 그릇에 바로 담는다.

2 물이 끓으면 냄비 뚜껑에 겨자그릇을 엎어 4분 정도 발효한다. 해삼은 소금으로 문질러 씻는다. 새우는 내장을 제거한다. 갑오징어는 껍질을 벗겨 껍질 반대쪽에 칼집을 낸다.

3 끓는 물에 소금을 넣고 갑오징어, 새우, 해삼을 데친 후 양장피를 삶는다. 데친 해산물들은 찬물에 씻어 수분을 제거하고 5cm로 썰어 바로 완성 그릇에 담는다.

4 삶은 양장피는 찬물에 헹군 후 수분을 제거하고 4cm로 썰어 간장 1T, 참기름 1t에 유장 처리 한다.

5 발효시킨 겨자는 설탕 1T, 식초 1T, 소금 약간, 참기름을 넣어 겨자소스를 만든다.

6 달걀은 황, 백으로 나눠 지단을 한다.(흰자, 노른자를 섞어도 됨) 지단은 5×0.2cm로 썰어 완성 그릇에 담는다.

7 완성그릇에 조리된 재료들을 단정하게 담는다. 중앙에 양장피도 단정하게 담아낸다.

8 볶는 재료는 모두 5cm로 썬다.(부추, 양파, 돼지고기) 불린 목이버섯은 한 입크기로 뜯어 놓는다.

9 달군 팬에 기름을 두르고 돼지고기를 볶다가 양파, 목이버섯을 볶은 후 부추와 소금을 넣고서 재빠르게 섞은 다음 참기름을 넣어 완성한다.

10 볶은 재료를 식힌 후 양장피 중앙에 소복이 담아낸다. 겨자소스는 뿌려도 되고, 따로 담아 제출해도 된다.

합격을 위한 TIP

- 양장피는 단단하여 물에 적셔야 자를 수 있다.
- 볶음재료와 볶지 않는 재료를 구분한다.
- 돼지고기 양념에 달걀흰자와 녹말가루를 사용하지 않는다.
- 썰은 재료들은 완성 접시에 바로 담으면서 진행해야 시간을 절약한다.

20. 양장피잡채

PART 02

일식조리기능사
실기시험

일식조리기능사 실기이론

 일식 요리의 분류

국물 요리

일식 국물 요리는 산초, 유자, 레몬 등 향신료를 사용하며 맑은국과 탁한국으로 나눈다.
탁한국물 요리는 미소된장과 술지게미를 사용하는 것으로 보통의 된장국이다.
맑은국물 요리는 일본식 코스요리에 제공되는 것으로 도미머리맑은국과 대합맑은국 등이 있다.

된장국

대합맑은국

도미머리맑은국

밥류 요리

일식 밥 요리는 밥을 지어 간장, 맛술, 청주, 설탕으로 맛국물을 만들어 밥 위에 붓고, 반찬을 올려 먹거나 소고기, 돈가스, 해산물을 이용하여 덮밥을 만드는데 그 종류가 다양하다.

소고기덮밥

초밥 요리

초밥 요리는 롤초밥과 모둠초밥, 유부초밥 등 종류가 다양하나 일부만 다룬다.

롤초밥은 밥 위에 박고지, 오보로, 오이, 참치 등을 속으로 넣고 김으로 말아 완성한다.

모둠초밥은 신선한 생선이나 해산물을 위생적으로 손질하여 손 또는 틀로 눌러 종류별로 완성한다.

참치김초밥

김초밥

생선초밥

구이 요리

일식 구이 요리는 육류, 어류, 채소들을 간장, 된장, 미림, 청주, 설탕, 유자, 소금 등을 사용하여 철판이나 숯불, 꼬치, 살라만더 등의 다양한 열원을 이용하여 조리한다.

소고기간장구이 / 전복버터구이

달걀말이 / 삼치소금구이

조림 요리

일식조림 요리는 재료와 국물을 함께 끓여서 맛이 속으로 스며들게 하는 조리법이다.

도미조림

면류 요리

일식 면 요리는 종류도 다양하다. 볶아 먹는 우동볶음과 다시국물을 내어 차게 먹는 메밀국수, 따뜻하게 먹는 냄비 우동 등이 있다.

우동볶음

메밀국수

찜 요리

일식 찜 요리는 증기를 이용하여 익히는 조리법으로 재료의 형태가 유지되어 보기에도 좋고 맛은 부드럽다.

도미술찜

달걀찜

무침 요리

일식 무침 요리는 된장이나 시치미, 참깨가루, 소금 등으로 소스를 만들어 무친다.

갑오징어 명란무침

초회 요리

일식초회 요리는 조림이나 튀김 등을 먹고 난 후 제공되는 요리로, 담백하고 적당한 산미가 있어 입안을 개운하게 한다. 문어초회, 해삼초회는 신선한 해산물에 미역이나 오이와 함께 새콤달콤하게 조리하여 식욕을 증진시킬 뿐만 아니라 피로회복에도 좋다.

문어초회

해삼초회

 시험시간 분류

시험시간 20분

참치김초밥

된장국

문어초회

해삼초회

갑오징어명란무침

소고기간장구이

대합맑은국

시험시간 25분

김초밥

전복버터구이

달걀말이

시험시간 30분

도미머리맑은국

도미조림

소고기덮밥

우동볶음

메밀국수

삼치소금구이

도미술찜

달걀찜

시험시간 40분

생선초밥

일식조리기능사 실기시험 기초과정

일식 재료 썰기 방법

당근 매화꽃

1
당근은 오각형으로 모양을 낸다.

2
면과 면 사이에 칼집을 넣고 양쪽으로 홈을 내준다.

3
정중앙 꼭지점으로 칼집을 넣어주고 입체감이 나도록 모양을 내준다.

4
일정한 모양이 나오도록 완성한다.

무 은행잎

1
무는 부채꼴로 모양을 만들어 준다.

2
껍질 쪽 둥근면 중앙에 칼집을 넣어 양쪽에 홈을 내어준다

3
1cm 두께로 썰어준다.

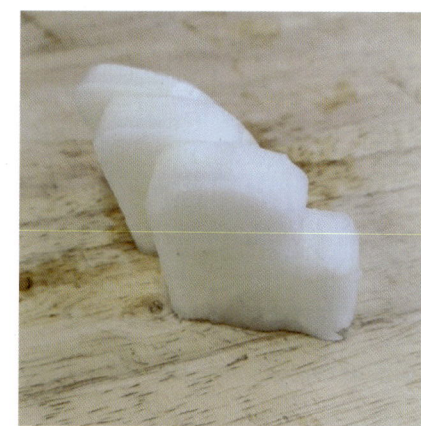

4
모양을 일정하게 완성 한다.

표고버섯 별모양

1
표고버섯은 젖은 수건으로 표면을 잘 닦아주고 꼭지를 제거해준다.

2
칼을 기울여 V모양을 내어준다.

3
대칭으로 넣어 별모양을 완성한다.

4
표고버섯 밑둥을 깔끔하게 정돈해준다.

레몬 오리발

1
레몬껍질을 깎듯이 세 번의 칼집을 넣어준다.

2
레몬 안쪽 과육부분을 제거해준다.

3
찬물에 담근다.

4
물기를 제거하고 사용한다.

배추말이와 술찜 채소

1
끓는 물에 소금을 넣고 배추와 죽순을 데친다. 쑥갓 줄기를 데친다.

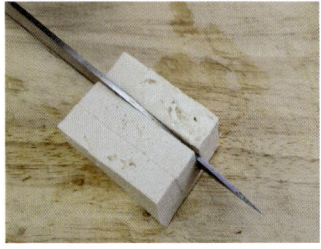

2
두부도 4×3cm정도 썰어 데친다. 당근, 무도 데친다.

3
데친 배추, 쑥갓은 찬물에 담가 식혀준다.

4
배추를 2등분한 후 겹쳐서 데친 쑥갓 줄기를 넣어 말아 준다.

5
김발로 말아 풀리지 않도록 단단하게 감싸 물기를 뺀다.

6
말아낸 배추는 사선으로 2등분하여 썰어준다.

7
길이를 맞추어 밑단을 정돈해 준다.

8
그릇에 가지런히 잘 담아 준다.

야쿠미와 폰즈

1
실파를 송송 썰어 가볍게 씻거나 바로 담는다.

2
레몬을 반달로 썰어 씨를 제거하고 정돈한다.

3
무를 강판에 갈아주고 체에 넣어 흐르는 물에 씻어 꼭 짠다.

4
고운 고춧가루로 무즙에 물을 들여준다.

5
젖은 면포로 다시마 염분을 닦아낸 뒤 찬물을 넣고 1~2분 끓여낸다.

6
육수 1T, 식초 1T, 간장 1T로 폰즈를 만든다.

7
종지에 폰즈를 담고 야쿠미도 함께 준비한다.

해삼손질방법

1
해삼 양끝을 잘라 준다.

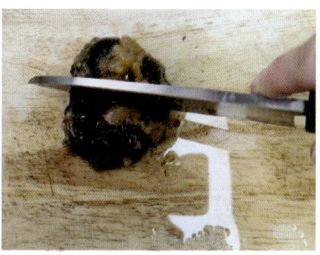

2
해삼의 배를 갈라 펼쳐준다.

3
내장과 석회, 스지를 칼로 긁어낸다.

4
소금으로 문질러 흐르는 물에 세척한다.

전복손질방법

1
전복은 소금이나 솔을 사용하여 깨끗이 세척한다.

2
스푼을 이용하여 살을 껍질과 분리한다.

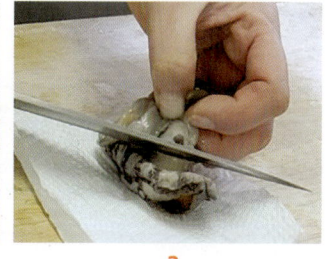

3
살과 내장을 분리한 다음 이빨, 식도를 제거한다.

4
내장 쪽 모래집을 제거한다.

5
끓는 물에 소금을 넣고 전복내장을 데친다.

6
전복 내장 쪽 살에 세로로 칼집을 5~6회 내어준다.

7
전복은 칼을 뉘어 어슷하게 썬다.

8
전복 살은 익으면 줄어드니, 채소를 좀 작게 썬다.

문어손질방법

1
문어는 소금으로 문질러 씻는다.

2
끓는 물에 간장, 식초를 넣고 5~6분 삶는다.

PART 02 _ 일식조리기능사

3
껍질을 제거한다.

4
잔물결무늬 하조기리로 얇게 포 뜬다.

도미손질방법

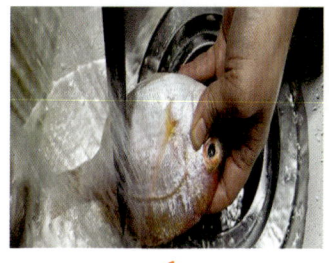

1
도미는 깨끗이 씻어 칼등으로 꼬리쪽에서→머리쪽으로비늘을 제거해준다.

2
등, 배, 옆, 꼬리 지느러미를 제거해 준다. 꼬리는 V모양으로 제거한다.

3
아가미 안쪽 막을 칼로 살짝 긁어준 다음 턱을 잘라준다.

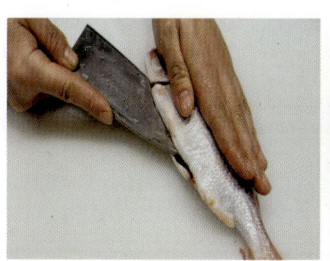

4
배를 갈라준다.

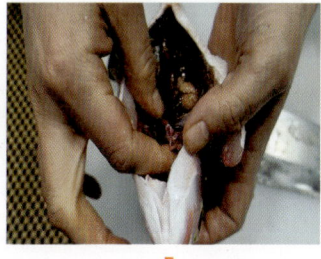

5
아가미와 내장을 제거한다.

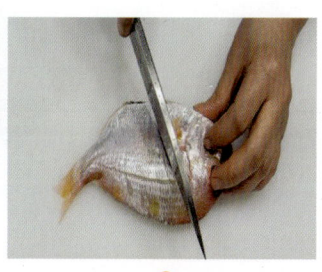

6
사선으로 토막을 낸다.

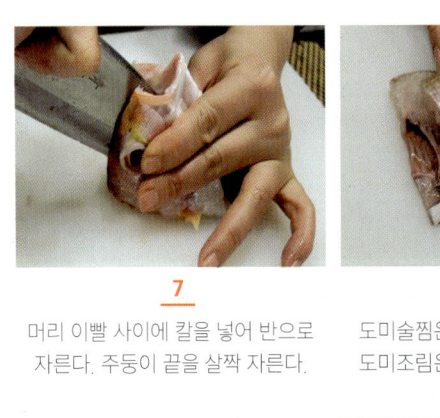

7
머리 이빨 사이에 칼을 넣어 반으로 자른다. 주둥이 끝을 살짝 자른다.

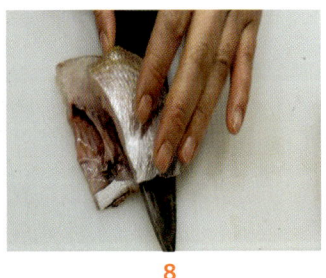

8
도미술찜은 몸통을 3장뜨기 하고, 도미조림은 몸통을 2장 뜨기한다.

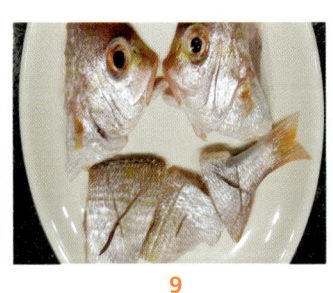

9
몸통, 꼬리는 X칼집을 내어준다.

10
소금을 뿌려서 절여준다.

11
끓는 물에 데쳐낸 후 깨끗이 세척 한다.

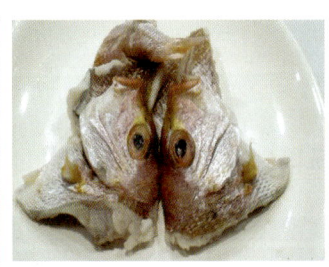

12
완성한다.

육수 곤부 다시 내리는 방법

젖은 행주로 다시마 표면의 염분을 닦아낸 후 물을 사용량에 맞게 넣고 끓인다. 불은 너무 세게 하지 않는다.
끓어오르면 다시마는 건져내고 식힌다.

육수 1번 다시 내리는 방법

1
젖은행주로 닦아낸 다시마를 넣고 끓여준다. 중불로 은근히 끓인다.

2
끓으면 다시마는 건져내고 가다랑어포를 넣어서 5분정도 우린다.

3
젖은 면포로 맑게 걸러준다.

4
달걀말이, 달걀찜은 육수를 식혀서 사용한다.

01 참치김초밥
てっかまき 뎃까마끼

시험시간 20분

130 중식 일식 복어 조리기능사 실기

수험자 유의사항 공통

1) 만드는 순서에 유의하며, 위생과 숙련된 기능평가를 위하여 조리작업 시 맛을 보지 않습니다.
2) 지정된 수험자지참준비물 이외의 조리기구나 재료를 시험장내에 지참할 수 없습니다.
3) 지급재료는 시험 전 확인하여 이상이 있을 경우 시험위원으로부터 조치를 받고 시험 중에는 재료의 교환 및 추가 지급은 하지 않습니다.
4) 요구사항 및 지급재료의 규격은 "정도"의 의미를 포함하며, 재료의 크기에 따라 가감하여 채점됩니다.
5) 위생복, 위생모, 앞치마를 착용하여야 하며, 시험장비·조리기구 취급 등 안전에 유의합니다.
6) 다음 사항은 실격에 해당하여 채점 대상에서 제외됩니다.
   가) 수험자 본인이 시험 도중 시험에 대한 포기 의사를 표현하는 경우
   나) 위생복, 위생모, 앞치마, 마스크를 착용하지 않은 경우
   다) 시험시간 내에 과제 두 가지를 제출하지 못한 경우
   라) 문제의 요구사항대로 과제의 수량이 만들어지지 않은 경우
   마) 구이를 조림 등으로 조리하여 완성품을 요구사항과 다르게 만든 경우
   바) 불을 사용하여 만든 조리작품이 작품특성에 벗어나는 정도로 타거나 익지 않은 경우
   사) 해당과제의 지급재료 이외 재료를 사용하거나 석쇠 등 요구사항의 조리기구를 사용하지 않은 경우
   아) 지정된 수험자지참준비물 이외의 조리기구를 조리에 사용한 경우
   자) 가스레인지 화구 2개 이상(2개 포함) 사용한 경우
   차) 시험 중 시설 장비(칼, 가스레인지 등) 사용 시 시험위원 및 타수험자의 시험 진행에 위해를 일으킬 것으로 시험위원 전원이 합의하여 판단한 경우
   카) 요구사항에 표시된 실격 및 부정행위에 해당하는 경우
7) 항목별 배점은 위생상태 및 안전관리 5점, 조리기술 30점, 작품의 평가 15점입니다.
8) 시험시작 전 가벼운 몸 풀기(스트레칭) 동작으로 긴장을 풀고 시험을 시작합니다.

지급재료목록

참치살	100g
고추냉이	15g
청차조기잎(시소)	1장
김(초밥용)	1장
밥(뜨거운 밥)	120g
통생강	20g
식초	70ml
흰설탕	50g
소금	20g
진간장	10ml

요구사항

가. 김을 반장으로 자르고, 눅눅하거나 구워지지 않은 김은 구워 사용하시오.
나. 고추냉이와 초생강을 만드시오.
다. 초밥 2줄은 일정한 크기 12개로 잘라 내시오.
라. 간장을 곁들여 내시오.

01. 참치김초밥

1 생강은 얇게 편 썰어 끓는 물에 살짝 데쳐서 물기를 제거하고 준비한다.

2 식초 3T, 설탕 2T, 소금 1/2t을 넣고 배합초를 끓이는데, 설탕이 녹으면 불을 끈다.

3 밥에 단촛물 1T를 넣어 나무 주걱으로 밥알이 깨지지 않도록 섞어 젖은 면포로 덮어 준비한다. 남은 단촛물은 데친 생강을 절인다.

4 참치는 소금물에 잠시 담갔다가 씻어서 면포에 싸 두었다가 김 길이에 맞춰 두 개로 썬다.

5 깻잎은 찬물에 담근다. 와사비(고추냉이)에 물을 넣고 묽지 않게 갠다. 깻잎은 찬물에 담갔다가 수분을 제거하고 완성그릇에 올린다.

6 김을 구워 반으로 잘라 반 장을 김발 위에 올리고 밥을 두 등분으로 나눠 김 위에 올려 골고루 편편하게 펼친 후 와사비를 바른다.
★ 김을 구울 때 불을 약하게 하여 살짝 굽는다.

PART 02 _ **일식조리기능사**

7 손질된 참치를 와사비 위로 올린다.

8 초밥을 김발로 말 때는 참치가 정중앙으로 오도록 손으로 참치를 눌러 안쪽으로 밀 듯 말아준다. 다른 김도 똑같이 말아준다.

9 참치 김초밥을 썰 때는 반으로 나눠 모아 함께 나란히 놓고 썰면 좋다. 일정하게 12조각이 되도록 썬다. 깻잎 위에 초생강을 올리고, 간장을 곁들여 제출한다.
★ 참치김초밥은 김발로 각을 잡아 네모진 모양을 만들어 제출하나 동그랗게 말아도 무방하다.

합격을 위한 TIP

- 김은 구워서 반으로 잘라 사용하고, 참치가 밥의 정중앙에 오도록 말아낸다.
- 참치김초밥 자른 단면과 높이가 일정하고 단정해야 한다.
- 간장을 잊지 않고 곁들여 낸다.

01. 참치김초밥

02 된장국

みそしる 미소시루

시험시간 20분

수험자 유의사항 공통

1) 만드는 순서에 유의하며, 위생과 숙련된 기능평가를 위하여 조리작업 시 맛을 보지 않습니다.
2) 지정된 수험자지참준비물 이외의 조리기구나 재료를 시험장내에 지참할 수 없습니다.
3) 지급재료는 시험 전 확인하여 이상이 있을 경우 시험위원으로부터 조치를 받고 시험 중에는 재료의 교환 및 추가 지급은 하지 않습니다.
4) 요구사항 및 지급재료의 규격은 "정도"의 의미를 포함하며, 재료의 크기에 따라 가감하여 채점됩니다.
5) 위생복, 위생모, 앞치마를 착용하여야 하며, 시험장비·조리기구 취급 등 안전에 유의합니다.
6) 다음 사항은 실격에 해당하여 채점 대상에서 제외됩니다.
   가) 수험자 본인이 시험 도중 시험에 대한 포기 의사를 표현하는 경우
   나) 위생복, 위생모, 앞치마, 마스크를 착용하지 않은 경우
   다) 시험시간 내에 과제 두 가지를 제출하지 못한 경우
   라) 문제의 요구사항대로 과제의 수량이 만들어지지 않은 경우
   마) 구이를 조림 등으로 조리하여 완성품을 요구사항과 다르게 만든 경우
   바) 불을 사용하여 만든 조리작품이 작품특성에 벗어나는 정도로 타거나 익지 않은 경우
   사) 해당과제의 지급재료 이외 재료를 사용하거나 석쇠 등 요구사항의 조리기구를 사용하지 않은 경우
   아) 지정된 수험자지참준비물 이외의 조리기구를 조리에 사용한 경우
   자) 가스레인지 화구 2개 이상(2개 포함) 사용한 경우
   차) 시험 중 시설 장비(칼, 가스레인지 등) 사용 시 시험위원 및 타수험자의 시험 진행에 위해를 일으킬 것으로 시험위원 전원이 합의하여 판단한 경우
   카) 요구사항에 표시된 실격 및 부정행위에 해당하는 경우
7) 항목별 배점은 위생상태 및 안전관리 5점, 조리기술 30점, 작품의 평가 15점입니다.
8) 시험시작 전 가벼운 몸 풀기(스트레칭) 동작으로 긴장을 풀고 시험을 시작합니다.

지급재료 목록

- 일본된장 40g
- 건다시마(5×10cm) 1장
- 판두부 20g
- 실파(1뿌리) 20g
- 산초가루 1g
- 가다랑어포(가쓰오부시) 5g
- 건미역 5g
- 청주 20㎖

요구사항

가. 다시마와 가다랑어포(가쓰오부시)로 가다랑어국물(가쓰오다시)을 만드시오.
나. 1×1×1cm로 썬 두부와 미역은 데쳐 사용하시오.
다. 된장을 풀어 한소끔 끓여내시오.

두부, 미역 1cm

02. 된장국

만드는 방법

1 미역을 불린다.
면포로 다시마를 닦아 찬물 300㎖를 붓고 끓인다. 끓으면 다시마를 건져내고 불을 끈 후 가스오를 넣어 5분 정도 우린다. 고운 면포로 걸러 다시물(1번 다시)을 만든다.

2 미역 데칠 물을 올린다.
실파를 송송 썰어 준비한다. 흐르는 물에 씻어 매운맛을 빼고 사용해도 된다.

3 불려 놓은 미역은 씻어서 끓는 물에 살짝 데친 후 찬물에 식혀 수분을 제거하고 사방 1cm로 썬다.
★ 소금이 지급되지 않으니 미역 삶을 때 소금은 넣지 않는다.

4 두부는 정사각 1cm 주사위 모양으로 썬다.

5 두부를 미역 데쳐낸 물에 살짝 데친다.

6 데친 두부는 모양이 찌그러질 수 있으니 아주 잠깐 접시에 모양이 변형되지 않도록 펼친 후 완성 그릇에 담는다.

7 1의 다시 300㎖에 미소된장 1T를 푼다.

8 7의 미소된장 국물을 냄비에 넣고 불에 올린 후 청주 1T를 넣는다. 살짝 끓여 알코올을 날린 후 거품이 있으면 제거하고 불을 끈다.

9 된장 국물이 끓을 동안 완성 그릇에 두부, 미역, 실파를 담는다. 데운 된장 국물 80% 정도를 부은 다음 산초가루를 지저분하지 않게 중앙에 뿌려 완성한다.

합격을 위한 TIP

- 두부는 데치면 불어서 1cm보다 크게 썰지 않아야 한다.
- 산초가루를 뿌려 김이 나도록 따뜻하게 제출한다.

03 문어초회
たこのすのもの 타코노스노모노

시험시간 20분

수험자 유의사항 공통

1) 만드는 순서에 유의하며, 위생과 숙련된 기능평가를 위하여 조리작업 시 맛을 보지 않습니다.
2) 지정된 수험자지참준비물 이외의 조리기구나 재료를 시험장내에 지참할 수 없습니다.
3) 지급재료는 시험 전 확인하여 이상이 있을 경우 시험위원으로부터 조치를 받고 시험 중에는 재료의 교환 및 추가 지급은 하지 않습니다.
4) 요구사항 및 지급재료의 규격은 "정도"의 의미를 포함하며, 재료의 크기에 따라 가감하여 채점됩니다.
5) 위생복, 위생모, 앞치마를 착용하여야 하며, 시험장비·조리기구 취급 등 안전에 유의합니다.
6) 다음 사항은 실격에 해당하여 채점 대상에서 제외됩니다.
   가) 수험자 본인이 시험 도중 시험에 대한 포기 의사를 표현하는 경우
   나) 위생복, 위생모, 앞치마, 마스크를 착용하지 않은 경우
   다) 시험시간 내에 과제 두 가지를 제출하지 못한 경우
   라) 문제의 요구사항대로 과제의 수량이 만들어지지 않은 경우
   마) 구이를 조림 등으로 조리하여 완성품을 요구사항과 다르게 만든 경우
   바) 불을 사용하여 만든 조리작품이 작품특성에 벗어나는 정도로 타거나 익지 않은 경우
   사) 해당과제의 지급재료 이외 재료를 사용하거나 석쇠 등 요구사항의 조리기구를 사용하지 않은 경우
   아) 지정된 수험자지참준비물 이외의 조리기구를 조리에 사용한 경우
   자) 가스레인지 화구 2개 이상(2개 포함) 사용한 경우
   차) 시험 중 시설 장비(칼, 가스레인지 등) 사용 시 시험위원 및 타수험자의 시험 진행에 위해를 일으킬 것으로 시험위원 전원이 합의하여 판단한 경우
   카) 요구사항에 표시된 실격 및 부정행위에 해당하는 경우
7) 항목별 배점은 위생상태 및 안전관리 5점, 조리기술 30점, 작품의 평가 15점입니다.
8) 시험시작 전 가벼운 몸 풀기(스트레칭) 동작으로 긴장을 풀고 시험을 시작합니다.

지급재료목록

문어다리(80g)	1개
건미역	5g
레몬	1/4개
오이	1/2개
소금	10g
식초	30㎖
건다시마(5×10cm)	1장
진간장	20g
흰설탕	10g
가다랑어포(가쓰오부시)	5g

요구사항

가. 가다랑어국물을 만들어 양념초간장(도사스)을 만드시오.
나. 문어는 삶아 4~5cm 길이로 물결모양썰기(하조기리)를 하시오.
다. 미역은 손질하여 4~5cm 크기로 사용하시오.
라. 오이는 둥글게 썰거나 줄무늬(자바라)썰기 하여 사용하시오.
마. 문어초회 접시에 오이와 문어를 담고 양념초간장(도사스)을 끼얹어 레몬으로 장식하시오.

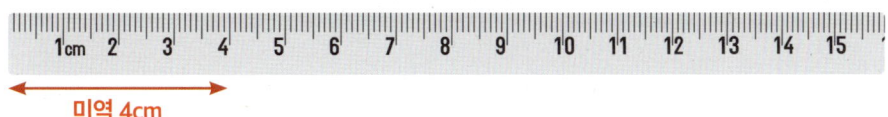

미역 4cm

03. 문어초회

만드는 방법

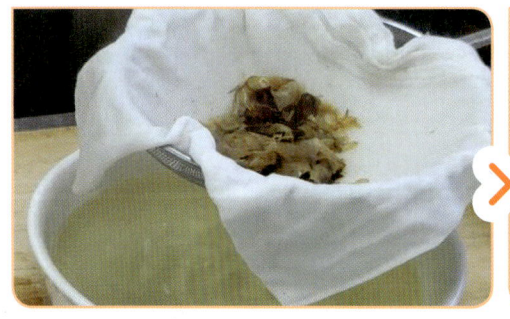

1 미역을 불린다.
면포로 다시마를 닦아 찬물 200㎖를 붓고 끓인다. 끓으면 다시마를 건져내고 불을 끈 후 가스오를 넣어 5분 정도 우린다.
고운 면포로 걸러 다시물(1번 다시)을 만든다.

2 미역 데칠 물을 올린다. 오이를 소금으로 문질러 씻어서 사선으로 촘촘히 칼집을 넣어준 다음 뒤집어 같은 방향으로 칼집을 넣어 자바라 썰기를 한다.

3 자바라 썰기한 오이를 소금물에 절인다. 절인 오이는 씻어 수분을 제거하여 길이 2~3cm로 썬 후 비틀어 모양을 잡는다.

4 불린 미역은 씻어서 끓는 물에 소금을 넣고 데쳐 찬물에 식힌 후 수분을 제거한다. 줄기부분을 제거하고 넓게 펼친다.

5 미역을 도톰하게 말아서 길이 4~5cm로 썬다. 김발로 말으면 풀어지지 않고 단정하다.

6 1의 다시 3T, 식초 1T, 설탕 2t, 간장 2t를 끓여 도사스(양념초간장)를 만들어 식힌다.

PART 02 _ **일식조리기능사**

7 문어는 빨판 쪽을 소금으로 문질러 씻고 물이 끓으면 식초 1T, 간장 1t를 넣고 문어를 넣어 삶는다.
★ 생문어가 지급된 경우 5~6분 삶고 자숙 문어일 경우 살짝 1분 정도 삶는다.

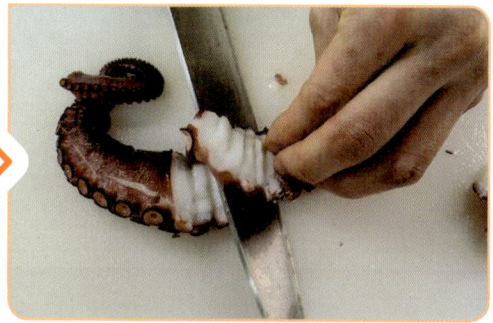

8 문어 껍질을 가볍게 벗겨내고 잔물결 모양 (하조기리)으로 길이 5cm이상 썬다.

9 레몬은 0.5cm 슬라이스로 한다. 완성 그릇에 오이자바라, 미역, 레몬, 문어를 담고 제출 직전 도사스(양념초간장)를 끼얹어 완성한다.

합격을 위한 TIP

📖 오이 자바라는 일정한 간격으로 촘촘하게 썬다.
📖 문어는 물결모양을 잘 살려주고, 제출 직전 도사스를 뿌려 변색에 유의한다.

04 해삼초회

なまこのすのもの 나마꼬노스오모노

시험시간 20분

수험자 유의사항 공통

1) 만드는 순서에 유의하며, 위생과 숙련된 기능평가를 위하여 조리작업 시 맛을 보지 않습니다.
2) 지정된 수험자지참준비물 이외의 조리기구나 재료를 시험장내에 지참할 수 없습니다.
3) 지급재료는 시험 전 확인하여 이상이 있을 경우 시험위원으로부터 조치를 받고 시험 중에는 재료의 교환 및 추가 지급은 하지 않습니다.
4) 요구사항 및 지급재료의 규격은 "정도"의 의미를 포함하며, 재료의 크기에 따라 가감하여 채점됩니다.
5) 위생복, 위생모, 앞치마를 착용하여야 하며, 시험장비·조리기구 취급 등 안전에 유의합니다.
6) 다음 사항은 실격에 해당하여 채점 대상에서 제외됩니다.
   가) 수험자 본인이 시험 도중 시험에 대한 포기 의사를 표현하는 경우
   나) 위생복, 위생모, 앞치마, 마스크를 착용하지 않은 경우
   다) 시험시간 내에 과제 두 가지를 제출하지 못한 경우
   라) 문제의 요구사항대로 과제의 수량이 만들어지지 않은 경우
   마) 구이를 조림 등으로 조리하여 완성품을 요구사항과 다르게 만든 경우
   바) 불을 사용하여 만든 조리작품이 작품특성에 벗어나는 정도로 타거나 익지 않은 경우
   사) 해당과제의 지급재료 이외 재료를 사용하거나 석쇠 등 요구사항의 조리기구를 사용하지 않은 경우
   아) 지정된 수험자지참준비물 이외의 조리기구를 조리에 사용한 경우
   자) 가스레인지 화구 2개 이상(2개 포함) 사용한 경우
   차) 시험 중 시설 장비(칼, 가스레인지 등) 사용 시 시험위원 및 타수험자의 시험 진행에 위해를 일으킬 것으로 시험위원 전원이 합의하여 판단한 경우
   카) 요구사항에 표시된 실격 및 부정행위에 해당하는 경우
7) 항목별 배점은 위생상태 및 안전관리 5점, 조리기술 30점, 작품의 평가 15점입니다.
8) 시험시작 전 가벼운 몸 풀기(스트레칭) 동작으로 긴장을 풀고 시험을 시작합니다.

지급재료목록

- 생해삼 1마리(100g)
- 건미역 5g
- 고춧가루 5g
- 레몬 1/4개
- 오이 1/2개
- 실파(1뿌리) 20g
- 무 20g
- 소금 5g
- 식초 15㎖
- 진간장 15㎖
- 건다시마 1장
- 가다랑어포(가쓰오부시) 10g

요구사항

가. 오이를 둥글게 썰거나 줄무늬(자바라)썰기 하여 사용하시오.
나. 미역을 손질하여 4~5cm로 써시오.
다. 해삼은 내장과 모래가 없도록 손질하고 힘줄(스지)을 제거하시오.
라. 빨간 무즙(아까오로시)과 실파를 준비하시오.
마. 초간장(폰즈)을 끼얹어 내시오.

미역 4cm

04. 해삼초회

만드는 방법

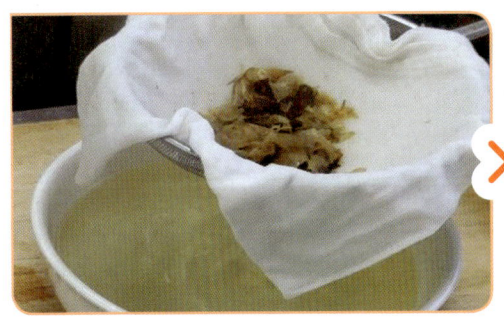

1 미역에 물을 부어 불린다. 면포로 다시마를 닦아 찬물 200㎖를 붓고 끓으면 다시마를 건져내고 후 불을 끈 후 다시마 끓인 물에 가스오를 넣어 5분 정도 우린다. 고운 면포로 걸러 가스오다시물(1번 다시)을 만든다

2 오이를 소금으로 문질러 씻어서 사선으로 촘촘히 칼집을 넣어 준 다음 뒤집어 같은 방향으로 칼집을 넣어 자바라 썰기를 한다.
잠시 후 절인 오이를 씻어 수분을 제거하여 길이 2~3cm로 썬 후 비틀어 모양을 잡는다.

3 불린 미역은 씻어서 끓는 물에 소금을 넣고 데쳐 찬물에 식힌 후 수분을 제거한다. 줄기 부분을 제거하고 넓게 펼친다.

4 미역을 도톰하게 말아서 길이 4~5cm로 썬다. 김발로 말으면 풀어지지 않고 단정하다.

5 무는 갈아 물에 씻어서 매운맛을 뺀 후 체에 내린 고춧가루로 고춧물을 들인다. 실파는 송송 썰어 담고 레몬은 0.5cm 슬라이스 한다. 1번 다시 1T, 간장 1T 식초 1T로 폰즈를 만든다.

6 해삼은 양 끝에 있는 입과 항문을 제거한다.
★ 해삼은 생물이라 나중에 손질한다.

PART 02 _ 일식조리기능사

 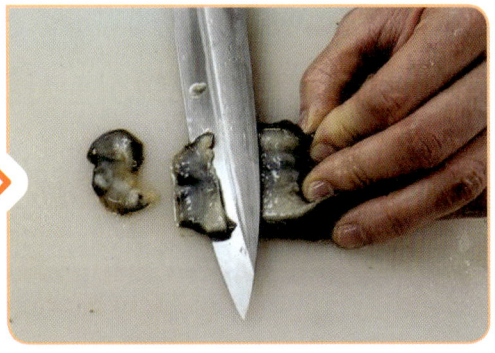

7 해삼의 배를 갈라 내장과 힘줄(스지)을 제거한 다음 소금으로 문질러 씻는다.

8 손질한 해삼은 깨끗이 씻어 2cm 크기로 어슷하게 썬다.

9 완성 그릇에 미역과 오이를 담고 해삼을 앞쪽에 담은 후 제출 직전 폰즈를 끼얹어 야쿠미와 함께 낸다.

합격을 위한 TIP

- 오이 자바라는 촘촘하게 썰어야 모양이 예쁘다.
- 해삼손질 시 스지를 제거하고, 너무 작게 썰지 않는다.
- 폰즈는 제출직전 끼얹어 야쿠미와 함께 낸다.

05 갑오징어명란무침

いかのさくらあゑ 이까노사쿠라아에

시험시간 20분

수험자 유의사항 공통

1) 만드는 순서에 유의하며, 위생과 숙련된 기능평가를 위하여 조리작업 시 맛을 보지 않습니다.
2) 지정된 수험자지참준비물 이외의 조리기구나 재료를 시험장내에 지참할 수 없습니다.
3) 지급재료는 시험 전 확인하여 이상이 있을 경우 시험위원으로부터 조치를 받고 시험 중에는 재료의 교환 및 추가 지급은 하지 않습니다.
4) 요구사항 및 지급재료의 규격은 "정도"의 의미를 포함하며, 재료의 크기에 따라 가감하여 채점됩니다.
5) 위생복, 위생모, 앞치마를 착용하여야 하며, 시험장비·조리기구 취급 등 안전에 유의합니다.
6) 다음 사항은 실격에 해당하여 채점 대상에서 제외됩니다.
   가) 수험자 본인이 시험 도중 시험에 대한 포기 의사를 표현하는 경우
   나) 위생복, 위생모, 앞치마, 마스크를 착용하지 않은 경우
   다) 시험시간 내에 과제 두 가지를 제출하지 못한 경우
   라) 문제의 요구사항대로 과제의 수량이 만들어지지 않은 경우
   마) 구이를 조림 등으로 조리하여 완성품을 요구사항과 다르게 만든 경우
   바) 불을 사용하여 만든 조리작품이 작품특성에 벗어나는 정도로 타거나 익지 않은 경우
   사) 해당과제의 지급재료 이외 재료를 사용하거나 석쇠 등 요구사항의 조리기구를 사용하지 않은 경우
   아) 지정된 수험자지참준비물 이외의 조리기구를 조리에 사용한 경우
   자) 가스레인지 화구 2개 이상(2개 포함) 사용한 경우
   차) 시험 중 시설 장비(칼, 가스레인지 등) 사용 시 시험위원 및 타수험자의 시험 진행에 위해를 일으킬 것으로 시험위원 전원이 합의하여 판단한 경우
   카) 요구사항에 표시된 실격 및 부정행위에 해당하는 경우
7) 항목별 배점은 위생상태 및 안전관리 5점, 조리기술 30점, 작품의 평가 15점입니다.
8) 시험시작 전 가벼운 몸 풀기(스트레칭) 동작으로 긴장을 풀고 시험을 시작합니다.

지급재료목록

- 갑오징어몸살 70g
- 명란젓 40g
- 무순 10g
- 청주 30㎖
- 소금 2g
- 청자조기잎(시소) 1장

요구사항

가. 명란젓은 껍질을 제거하고 알만 사용하시오.
나. 갑오징어는 속껍질을 제거하여 사용하시오.
다. 갑오징어를 두께 0.3㎝로 채썰어 청주를 넣은 물에 데쳐 사용하시오.

1. 갑오징어 데칠 물을 올린다. 무순과 깻잎은 찬물에 담근다. 갑오징어는 작은 것 한 마리가 지급되면 중앙의 뼈를 제거하고 껍질을 벗긴 후 양쪽 얇은 막을 제거한다.

2. 갑오징어를 씻어서 수분을 제거한 후 최대한 얇게 포 뜬다.

3. 갑오징어는 5×0.2×0.2cm 길이로 얇게 채 썬다.

4. 끓인 물을 60℃ 온도로 맞추고 청주 2T를 넣어 채 썬 갑오징어를 겉만 살짝 익히는 정도로 데쳐 투명하게 익힌다.
   ★ 온도가 높아 갑오징어가 많이 익으면 질겨지니 데치는 물 온도가 매우 중요하다.

5. 잘 데쳐낸 갑오징어는 색이 투명하고 맛은 부드럽다.

6. 찬물에 담가둔 깻잎과 무순을 건져 수분을 제거한다. 깻잎은 완성 그릇에 올려 둔다. 무순은 가지런히 정리한다.

PART 02 _ 일식조리기능사

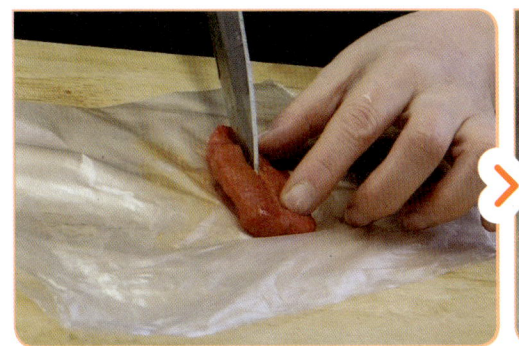

7 명란젓의 막을 일자로 자른다.

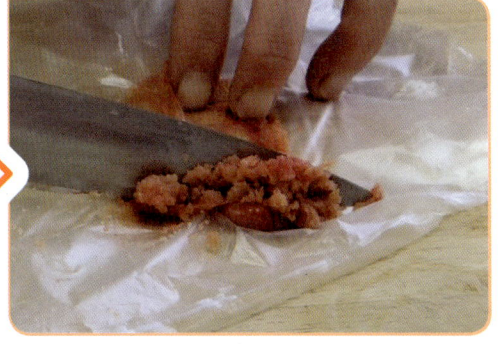

8 명란 알을 칼 등으로 긁어낸다.

9 볼에 명란알과 갑오징어 채를 넣어 젓가락을 이용해 알이 뭉치지 않도록 섞어주고 청주, 소금을 약간 넣어 버무린다.
★ 명란알이 뭉친 부분이 없도록 고루 섞어 무친다.

합격을 위한 TIP

- 갑오징어는 껍질과 얇은 막을 제거해주고 얇게 포를 떠 준다.
- 갑오징어는 60℃ 따뜻한 청주물에 겉만 가볍게 데쳐야 질기지 않는다.
- 갑오징어와 명란을 고루 섞어 분홍빛이 돌도록 무친다.

05. 갑오징어명란무침

06 소고기간장구이
ぎゅうにくのてりやき 규니꾸노데리야

시험시간 20분

수험자 유의사항 공통

1) 만드는 순서에 유의하며, 위생과 숙련된 기능평가를 위하여 조리작업 시 맛을 보지 않습니다.
2) 지정된 수험자지참준비물 이외의 조리기구나 재료를 시험장내에 지참할 수 없습니다.
3) 지급재료는 시험 전 확인하여 이상이 있을 경우 시험위원으로부터 조치를 받고 시험 중에는 재료의 교환 및 추가 지급은 하지 않습니다.
4) 요구사항 및 지급재료의 규격은 "정도"의 의미를 포함하며, 재료의 크기에 따라 가감하여 채점됩니다.
5) 위생복, 위생모, 앞치마를 착용하여야 하며, 시험장비·조리기구 취급 등 안전에 유의합니다.
6) 다음 사항은 실격에 해당하여 채점 대상에서 제외됩니다.
   가) 수험자 본인이 시험 도중 시험에 대한 포기 의사를 표현하는 경우
   나) 위생복, 위생모, 앞치마, 마스크를 착용하지 않은 경우
   다) 시험시간 내에 과제 두 가지를 제출하지 못한 경우
   라) 문제의 요구사항대로 과제의 수량이 만들어지지 않은 경우
   마) 구이를 조림 등으로 조리하여 완성품을 요구사항과 다르게 만든 경우
   바) 불을 사용하여 만든 조리작품이 작품특성에 벗어나는 정도로 타거나 익지 않은 경우
   사) 해당과제의 지급재료 이외 재료를 사용하거나 석쇠 등 요구사항의 조리기구를 사용하지 않은 경우
   아) 지정된 수험자지참준비물 이외의 조리기구를 조리에 사용한 경우
   자) 가스레인지 화구 2개 이상(2개 포함) 사용한 경우
   차) 시험 중 시설 장비(칼, 가스레인지 등) 사용 시 시험위원 및 타수험자의 시험 진행에 위해를 일으킬 것으로 시험위원 전원이 합의하여 판단한 경우
   카) 요구사항에 표시된 실격 및 부정행위에 해당하는 경우
7) 항목별 배점은 위생상태 및 안전관리 5점, 조리기술 30점, 작품의 평가 15점입니다.
8) 시험시작 전 가벼운 몸 풀기(스트레칭) 동작으로 긴장을 풀고 시험을 시작합니다.

지급재료목록

- 소고기 160g
- 건다시마 1장
- 검은후춧가루 5g
- 산초가루 3g
- 소금 20g
- 흰설탕 30g
- 깻잎 1장
- 통생강 30g
- 진간장 50g
- 청주 50㎖
- 식용유 100㎖
- 맛술(미림) 50㎖

요구사항

가. 양념간장(다래)과 생강채(하리쇼가)를 준비하시오.
나. 소고기를 두께 1.5cm, 길이 3cm로 자르시오.
다. 프라이팬에 구이를 한 다음 양념간장(다래)을 발라 완성하시오.

소고기 완성시 3cm

06. 소고기간장구이

1 다시마는 젖은 면포로 가볍게 닦아 물 1컵에 다시마를 넣어 끓인다.
끓으면 불을 끄고 다시마를 건진다.

2 깻잎은 찬물에 잠시 담근다.

3 생강도 곱게 채(하리쇼가) 썰어 물에 담근다.

4 냄비에 다시마물 100㎖, 청주 3T, 간장 3T, 맛술 3T, 설탕 2T를 넣고 다래소스를 끓여 50㎖ 될 때까지 조린다.
★ 청주 지급량이 많으니 냄비에 청주를 먼저 넣고 알코올을 날린 후 양념들을 넣고 조려도 된다.

5 소고기는 높이 1.2cm 정도로 맞추어 칼끝으로 힘줄을 끊어주고 두들겨서 연육하여 양쪽에 소금과 후추를 뿌려 밑간한다.
소고기는 익으면 수축하여 길이는 줄어들고 높이는 약간 올라간다.

6 생강채는 건져서 수분을 뺀다. 깻잎도 물기를 닦아 완성 그릇에 놓는다.

PART 02 _ **일식조리기능사**

7 팬을 예열 후 식용유를 두르고 소고기가 노릇한 갈색이 나도록 앞뒤를 굽는다. 여기에 조린 다래소스를 끼얹어가며 윤기가 나도록 조린다.

★ 고기는 팬에서 완전히 익히지 않는다. 눌렀을 때 단단하지 않아야 한다.

8 소고기를 1cm 간격으로 어슷하게 썬다.

9 완성 그릇에 소고기를 담고 진득하게 조린 소스를 끼얹는다. 산초가루를 단정히 뿌린 후 생강채를 곁들여 제출한다.

합격을 위한 TIP

📖 소고기는 팬을 달군 후 굽고, 고기 속은 완전히 익히지 않는다.

📖 다래소스를 만들어 고기에 발라가며 윤기나게 조린다.

07 대합맑은국
ほまぐりのすぃものし 하마구리노스이모노

시험시간 20분

수험자 유의사항 공통

1) 만드는 순서에 유의하며, 위생과 숙련된 기능평가를 위하여 조리작업 시 맛을 보지 않습니다.
2) 지정된 수험자지참준비물 이외의 조리기구나 재료를 시험장내에 지참할 수 없습니다.
3) 지급재료는 시험 전 확인하여 이상이 있을 경우 시험위원으로부터 조치를 받고 시험 중에는 재료의 교환 및 추가 지급은 하지 않습니다.
4) 요구사항 및 지급재료의 규격은 "정도"의 의미를 포함하며, 재료의 크기에 따라 가감하여 채점됩니다.
5) 위생복, 위생모, 앞치마를 착용하여야 하며, 시험장비·조리기구 취급 등 안전에 유의합니다.
6) 다음 사항은 실격에 해당하여 채점 대상에서 제외됩니다.
    가) 수험자 본인이 시험 도중 시험에 대한 포기 의사를 표현하는 경우
    나) 위생복, 위생모, 앞치마, 마스크를 착용하지 않은 경우
    다) 시험시간 내에 과제 두 가지를 제출하지 못한 경우
    라) 문제의 요구사항대로 과제의 수량이 만들어지지 않은 경우
    마) 구이를 조림 등으로 조리하여 완성품을 요구사항과 다르게 만든 경우
    바) 불을 사용하여 만든 조리작품이 작품특성에 벗어나는 정도로 타거나 익지 않은 경우
    사) 해당과제의 지급재료 이외 재료를 사용하거나 석쇠 등 요구사항의 조리기구를 사용하지 않은 경우
    아) 지정된 수험자지참준비물 이외의 조리기구를 조리에 사용한 경우
    자) 가스레인지 화구 2개 이상(2개 포함) 사용한 경우
    차) 시험 중 시설 장비(칼, 가스레인지 등) 사용 시 시험위원 및 타수험자의 시험 진행에 위해를 일으킬 것으로 시험위원 전원이 합의하여 판단한 경우
    카) 요구사항에 표시된 실격 및 부정행위에 해당하는 경우
7) 항목별 배점은 위생상태 및 안전관리 5점, 조리기술 30점, 작품의 평가 15점입니다.
8) 시험시작 전 가벼운 몸 풀기(스트레칭) 동작으로 긴장을 풀고 시험을 시작합니다.

지급재료 목록

재료	규격	수량
백합	(개당 40g, 5cm내외)	2개
쑥갓		10g
레몬		1/4개
청주		5㎖
소금		10g
국간장	(진간장 대체가능)	5㎖
건다시마		1장

요구사항

가. 조개 상태를 확인한 후 해감하여 사용하시오.
나. 다시마와 백합조개를 넣어 끓으면 다시마를 건져내시오.

07. 대합맑은국

만드는 방법

1 백합조개는 두둘겨 맑은 소리가 나는지 확인하고 소금물에 담가 해감한 후 소금으로 문질러 깨끗이 씻는다.

2 다시마를 젖은 면포로 닦아 조개와 함께 끓이는데 센불에 끓이지 않는다.
끓어오르면 다시마는 건져낸다.

3 대합을 익히는 동안 레몬오리발을 만든다. 레몬오리발 껍질 안쪽 하얀 과피를 제거하여 떫은 맛을 제거한다.

4 레몬오리발과 쑥갓 잎은 찬물에 잠시 담갔다가 수분을 제거하고 준비한다.

5 물이 끓어오르면 다시마는 건져내고 거품을 계속 걷어낸다. 대합이 입을 열었을 때 불을 끈다. 오래 끓이면 조갯살이 질겨진다.

6 대합의 껍질 한 쪽은 떼어낸다. 대합 살을 숟가락으로 긁어 떼어낸 후 다시 껍질 위에 앉힌다. 이렇게 해야 먹기에 좋다.

PART 02 _ 일식조리기능사

7 5에서 끓인 대합국물은 젖은 면포에 맑게 거른 다음 소금 약간, 국간장 1t를 넣는다. 너무 진하지 않고, 옅은 보리차색이면 좋다.

8 냄비에 대합국물을 끓인다. 깨끗이 손질한 대합을 담은 그릇에 끓인 맑은국을 8부 정도를 붓는다.

9 대합맑은국에 레몬오리발을 띄운 후 쑥갓도 띄워 완성한다.

합격을 위한 TIP

- 조개는 두둘겨 맑은 소리가 나는지 확인한다.
- 다시물을 따로 끓이지 않도록 하고, 찬물에서 조개와 함께 맑게 끓여낸다.
- 국물색이 진하지 않아야하고 김이 나도록 제출한다.

08 김초밥
まきずし 마키즈시

시험시간 25분

수험자 유의사항 공통

1) 만드는 순서에 유의하며, 위생과 숙련된 기능평가를 위하여 조리작업 시 맛을 보지 않습니다.
2) 지정된 수험자지참준비물 이외의 조리기구나 재료를 시험장내에 지참할 수 없습니다.
3) 지급재료는 시험 전 확인하여 이상이 있을 경우 시험위원으로부터 조치를 받고 시험 중에는 재료의 교환 및 추가지급은 하지 않습니다.
4) 요구사항 및 지급재료의 규격은 "정도"의 의미를 포함하며, 재료의 크기에 따라 가감하여 채점됩니다.
5) 위생복, 위생모, 앞치마를 착용하여야 하며, 시험장비 · 조리기구 취급 등 안전에 유의합니다.
6) 다음 사항은 실격에 해당하여 채점 대상에서 제외됩니다.
   가) 수험자 본인이 시험 도중 시험에 대한 포기 의사를 표현하는 경우
   나) 위생복, 위생모, 앞치마, 마스크를 착용하지 않은 경우
   다) 시험시간 내에 과제 두 가지를 제출하지 못한 경우
   라) 문제의 요구사항대로 과제의 수량이 만들어지지 않은 경우
   마) 구이를 조림 등으로 조리하여 완성품을 요구사항과 다르게 만든 경우
   바) 불을 사용하여 만든 조리작품이 작품특성에 벗어나는 정도로 타거나 익지 않은 경우
   사) 해당과제의 지급재료 이외 재료를 사용하거나 석쇠 등 요구사항의 조리기구를 사용하지 않은 경우
   아) 지정된 수험자지참준비물 이외의 조리기구를 조리에 사용한 경우
   자) 가스레인지 화구 2개 이상(2개 포함) 사용한 경우
   차) 시험 중 시설 장비(칼, 가스레인지 등) 사용 시 시험위원 및 타수험자의 시험 진행에 위해를 일으킬 것으로 시험위원 전원이 합의하여 판단한 경우
   카) 요구사항에 표시된 실격 및 부정행위에 해당하는 경우
7) 항목별 배점은 위생상태 및 안전관리 5점, 조리기술 30점, 작품의 평가 15점입니다.
8) 시험시작 전 가벼운 몸 풀기(스트레칭) 동작으로 긴장을 풀고 시험을 시작합니다.

지급재료목록

- 김 1장
- 달걀 2개
- 통생강 30g
- 청차조기잎(시소) 1장
- 오이 1/4개
- 소금 20g
- 흰설탕 50g
- 진간장 20㎖
- 밥 200g(1컵)
- 박고지 10g
- 오보로 10g
- 식초 70㎖
- 식용유 10㎖
- 맛술(미림) 10㎖

요구사항

가. 박고지, 달걀말이, 오이 등 김초밥 속재료를 만드시오.
나. 초밥초를 만들어 밥에 간하여 식히시오.
다. 김초밥은 일정한 두께와 크기로 8등분하여 담으시오.
라. 간장을 곁들여 제출하시오.

1 생강과 박고지 데칠 물을 올린다. 생강은 껍질을 제거하고 얇게 편 썰어 데친 후 찬물에 헹군다.(단촛물이 끓여지면 절인다.)
★ 첫 번째 순서로 생강을 빠르게 데친 후 단촛물을 끓이면 조리순서가 빨라진다.

2 생강을 데쳐낸 물에 박고지를 살짝 데친다.

3 냄비에 설탕 2T, 식초 3T, 소금 1/2t를 넣고 단촛물을 끓인다.
오래 끓이지는 않고 설탕이 녹으면 불을 끈다.

4 3의 단촛물을 1.5T 정도 넣어 밥알이 깨지지 않도록 나무 주걱으로 섞은 다음 밥이 마르지 않게 젖은 면포로 덮는다.
남은 단촛물은 생강을 절인다.
★ 밥이 뜨거울 때 단촛물을 넣어야 하나 시험장에서는 밥이 식어 있을 수 있다. 밥이 뜨거우면 단촛물 사용량을 약간 늘린다.

5 오이는 소금으로 씻어 가시를 제거하고 길게 사방 1cm로 썰어 소금에 절여 놓았다가 씻어서 물기를 제거하고 준비한다.
깻잎은 찬물에 담갔다가 초밥을 말기 전 수분을 제거하고 완성 접시에 올린다.

6 박고지는 물 100㎖, 간장 1T, 맛술 1t, 설탕 1t를 넣어 물기가 없도록 조린다.
불이 세면 잘 타므로 주의한다.
★ 박고지 색이 옅으면 조리면서 간장을 조금 더 추가한다.

7 달걀노른자 2개에 맛술 1t, 소금 약간, 설탕 1/3t를 넣어 체에 내린 다음 사각팬에 두께 1.5cm 정도가 되도록 결이 생기지 않게 잘 말아서 뜨거울 때 김발로 사각모양을 잡아준다.

8 김은 구워 사용한다. 김발 위에 김을 놓고 김의 1/3 정도는 남기고, 밥을 전량 펼친다. 높이는 일정하게 한다. 오보로, 오이, 달걀지단, 조린 박고지를 놓고 양손으로 재료를 눌러 말아준다.

9 김초밥은 높이가 같도록 8개 썬다. 깻잎 위에 초생강을 올리고 김초밥을 담아 간장을 꼭 곁들여 낸다.

- 김초밥 속재료가 중앙에 오도록 말아서 일정한 높이와 크기로 썬다.
- 간장을 잊지 않고 함께 낸다.

09 전복버터구이
あわびのバターやき 아와비노바타야

시험시간 25분

수험자 유의사항 공통

1) 만드는 순서에 유의하며, 위생과 숙련된 기능평가를 위하여 조리작업 시 맛을 보지 않습니다.
2) 지정된 수험자지참준비물 이외의 조리기구나 재료를 시험장내에 지참할 수 없습니다.
3) 지급재료는 시험 전 확인하여 이상이 있을 경우 시험위원으로부터 조치를 받고 시험 중에는 재료의 교환 및 추가지급은 하지 않습니다.
4) 요구사항 및 지급재료의 규격은 "정도"의 의미를 포함하며, 재료의 크기에 따라 가감하여 채점됩니다.
5) 위생복, 위생모, 앞치마를 착용하여야 하며, 시험장비·조리기구 취급 등 안전에 유의합니다.
6) 다음 사항은 실격에 해당하여 채점 대상에서 제외됩니다.
   - 가) 수험자 본인이 시험 도중 시험에 대한 포기 의사를 표현하는 경우
   - 나) 위생복, 위생모, 앞치마, 마스크를 착용하지 않은 경우
   - 다) 시험시간 내에 과제 두 가지를 제출하지 못한 경우
   - 라) 문제의 요구사항대로 과제의 수량이 만들어지지 않은 경우
   - 마) 구이를 조림 등으로 조리하여 완성품을 요구사항과 다르게 만든 경우
   - 바) 불을 사용하여 만든 조리작품이 작품특성에 벗어나는 정도로 타거나 익지 않은 경우
   - 사) 해당과제의 지급재료 이외 재료를 사용하거나 석쇠 등 요구사항의 조리기구를 사용하지 않은 경우
   - 아) 지정된 수험자지참준비물 이외의 조리기구를 조리에 사용한 경우
   - 자) 가스레인지 화구 2개 이상(2개 포함) 사용한 경우
   - 차) 시험 중 시설 장비(칼, 가스레인지 등) 사용 시 시험위원 및 타수험자의 시험 진행에 위해를 일으킬 것으로 시험위원 전원이 합의하여 판단한 경우
   - 카) 요구사항에 표시된 실격 및 부정행위에 해당하는 경우
7) 항목별 배점은 위생상태 및 안전관리 5점, 조리기술 30점, 작품의 평가 15점입니다.
8) 시험시작 전 가벼운 몸 풀기(스트레칭) 동작으로 긴장을 풀고 시험을 시작합니다.

지급재료목록

- 전복(작은 것 2마리) 150g
- 양파 1/2개
- 청피망 1/2개
- 청주 20㎖
- 은행 5개
- 버터 20g
- 검은후춧가루 2g
- 소금 15g
- 식용유 30㎖
- 청자조기잎(차조기잎/시소) 1장

요구사항

가. 전복은 껍질과 내장을 분리하고 칼집을 넣어 한입 크기로 어슷하게 써시오.
나. 내장은 모래주머니를 제거하고 데쳐 사용하시오.
다. 채소는 전복의 크기로 써시오.
라. 은행은 속껍질을 벗겨 사용하시오.

09. 전복버터구이

1. 깻잎(시소)은 찬물에 담근다.

2. 양파, 피망은 전복보다 약간 작게 썰어야 볶았을 때 전복과 같아진다.

3. 전복은 소금과 숟가락(솔)으로 문질러 검은 부분이 없어지도록 씻는다. 숟가락으로 긁어 껍질에서 살을 분리하는데 내장이 터지지 않아야 한다.

4. 전복에서 내장을 분리하고, 내장 쪽에 모래주머니를 제거한다.

5. 내장을 끓는 물에 소금을 약간 넣고 데친다.

6. 전복의 입을 제거한 후 내장이 있던 쪽에 0.3cm 간격으로 칼집을 낸 후 옆으로 칼을 뉘어 얇게 편 썬다.

7 달군 팬에 기름을 두르고 은행을 볶은 다음 뜨거울 때 키친타올로 문질러 바로 껍질을 벗긴다.

8 전복버터구이에서 나오는 버터의 양이 많은 편이라 전량 사용하지 않아도 되지만 반 이상을 남기지 않는다. 깻잎의 물기를 없애고 그릇에 올려 완성 그릇을 미리 준비해 둔다.

9 팬을 달구고 기름을 둘러 양파를 볶고 전복, 은행, 청피망을 넣어 살짝 볶은 다음 전복 내장을 넣고 청주 1T와 소금, 후추, 버터를 넣고 볶는다.
불 조절을 잘하여 피망 색이 변하지 않도록 한다. 완성 그릇에 단정하게 담아낸다.

합격을 위한 TIP

- 전복을 깨끗이 손질하여 내장은 데쳐낸다.
- 재료들의 크기를 일정하게 썰고 버터는 나중에 넣어 타지 않도록 볶는다.

10 달걀말이
だしまきたまご 다시마끼타마고

시험시간 **25분**

수험자 유의사항 공통

1) 만드는 순서에 유의하며, 위생과 숙련된 기능평가를 위하여 조리작업 시 맛을 보지 않습니다.
2) 지정된 수험자지참준비물 이외의 조리기구나 재료를 시험장내에 지참할 수 없습니다.
3) 지급재료는 시험 전 확인하여 이상이 있을 경우 시험위원으로부터 조치를 받고 시험 중에는 재료의 교환 및 추가 지급은 하지 않습니다.
4) 요구사항 및 지급재료의 규격은 "정도"의 의미를 포함하며, 재료의 크기에 따라 가감하여 채점됩니다.
5) 위생복, 위생모, 앞치마를 착용하여야 하며, 시험장비·조리기구 취급 등 안전에 유의합니다.
6) 다음 사항은 실격에 해당하여 채점 대상에서 제외됩니다.
   가) 수험자 본인이 시험 도중 시험에 대한 포기 의사를 표현하는 경우
   나) 위생복, 위생모, 앞치마, 마스크를 착용하지 않은 경우
   다) 시험시간 내에 과제 두 가지를 제출하지 못한 경우
   라) 문제의 요구사항대로 과제의 수량이 만들어지지 않은 경우
   마) 구이를 조림 등으로 조리하여 완성품을 요구사항과 다르게 만든 경우
   바) 불을 사용하여 만든 조리작품이 작품특성에 벗어나는 정도로 타거나 익지 않은 경우
   사) 해당과제의 지급재료 이외 재료를 사용하거나 석쇠 등 요구사항의 조리기구를 사용하지 않은 경우
   아) 지정된 수험자지참준비물 이외의 조리기구를 조리에 사용한 경우
   자) 가스레인지 화구 2개 이상(2개 포함) 사용한 경우
   차) 시험 중 시설 장비(칼, 가스레인지 등) 사용 시 시험위원 및 타수험자의 시험 진행에 위해를 일으킬 것으로 시험위원 전원이 합의하여 판단한 경우
   카) 요구사항에 표시된 실격 및 부정행위에 해당하는 경우
7) 항목별 배점은 위생상태 및 안전관리 5점, 조리기술 30점, 작품의 평가 15점입니다.
8) 시험시작 전 가벼운 몸 풀기(스트레칭) 동작으로 긴장을 풀고 시험을 시작합니다.

지급재료목록

- 달걀 6개
- 흰설탕 20g
- 건다시마 1장
- 가다랑어포(가스오브시) 10g
- 소금 10g
- 식용유 50㎖
- 맛술(미림) 20㎖
- 무 100g
- 진간장 30㎖
- 청자조기잎(시소, 깻잎으로 대체가능) 2장

요구사항

가. 달걀과 가다랑어국물(가쓰오다시), 소금, 설탕, 맛술(미림)을 섞은 후 체에 걸러 사용하시오.
나. 젓가락을 사용하여 달걀말이를 한 후 김발을 이용하여 사각모양을 만드시오. (단, 달걀을 말 때 주걱이나 손을 사용할 경우 감점 처리됩니다.)
다. 길이 8㎝, 높이 2.5㎝, 두께 1㎝로 썰어 8개를 만들고, 완성되었을 때 틈새가 없도록 하시오.
라. 달걀말이(다시마끼)와 간장무즙을 접시에 보기 좋게 담아내시오.

달걀말이 길이 8cm

10. 달걀말이

만드는 방법

1 면포로 다시마를 닦아 찬물 200㎖를 붓고 끓으면 다시마를 건져내고 불을 끈 후 다시마 끓인 물에 가스오를 넣어 5분 정도 우린다. 고운 면포로 걸러 가스오다시물(1번 다시)을 만든다

2 1의 다시는 찬물을 받아 식힌다.
깻잎도 찬물에 담가둔다.

3 달걀 6개에 다시물 4T, 맛술 1T, 설탕 1T, 소금 1/2t 넣어 섞은 후 체에 내린다.
깻잎은 달걀말이를 하기 전 수분을 제거하고 완성 그릇에 올려 놓는다.

4 기름 종지를 준비한다.
팬에 기름을 넉넉히 두르고 코팅한 다음 기름을 따라낸다.

5 반컵(한국자)씩 달걀물을 부어가며 달걀말이를 해준다.
중간중간 기름으로 팬을 코팅한다.
★ 팬에 부은 달걀이 완전히 익기 전에 달걀물을 추가하면서 말이를 해야 속이 비지 않고 부드럽게 완성한다.

6 지급된 달걀 전량을 사용하고, 달걀말이는 타지 않도록 불을 적당히 낮추어 길이 8cm, 높이 2.5cm가 나오도록 말아낸다.
★ 불이 너무 약하면 색이 거무스름하게 변하고, 불을 세게 하면 겉이 타게 된다.

PART 02 _ **일식조리기능사**

7 달걀말이를 뜨거울 때 김발로 말아 꾹꾹 눌러 모양을 잡아 식힌다.

8 무는 강판에 갈아 흐르는 물에 헹궈 수분을 꼭 짜서 간장 물을 들인다.

9 달걀말이는 1cm 간격으로 8개 썬다. 완성 그릇에 담고 간장무즙과 함께 낸다.

합격을 위한 TIP

- 약불로 지지면서 달걀의 틈새가 없도록 사각모양으로 말아내야 한다.
- 김발에 말아 눌러 놓았다가 썰어 간장무즙을 곁들인다.

10. 달걀말이

11 도미머리맑은국
たいのすいもの 타이노스이모노

시험시간 30분

수험자 유의사항 공통

1) 만드는 순서에 유의하며, 위생과 숙련된 기능평가를 위하여 조리작업 시 맛을 보지 않습니다.
2) 지정된 수험자지참준비물 이외의 조리기구나 재료를 시험장내에 지참할 수 없습니다.
3) 지급재료는 시험 전 확인하여 이상이 있을 경우 시험위원으로부터 조치를 받고 시험 중에는 재료의 교환 및 추가 지급은 하지 않습니다.
4) 요구사항 및 지급재료의 규격은 "정도"의 의미를 포함하며, 재료의 크기에 따라 가감하여 채점됩니다.
5) 위생복, 위생모, 앞치마를 착용하여야 하며, 시험장비·조리기구 취급 등 안전에 유의합니다.
6) 다음 사항은 실격에 해당하여 채점 대상에서 제외됩니다.
   가) 수험자 본인이 시험 도중 시험에 대한 포기 의사를 표현하는 경우
   나) 위생복, 위생모, 앞치마, 마스크를 착용하지 않은 경우
   다) 시험시간 내에 과제 두 가지를 제출하지 못한 경우
   라) 문제의 요구사항대로 과제의 수량이 만들어지지 않은 경우
   마) 구이를 조림 등으로 조리하여 완성품을 요구사항과 다르게 만든 경우
   바) 불을 사용하여 만든 조리작품이 작품특성에 벗어나는 정도로 타거나 익지 않은 경우
   사) 해당과제의 지급재료 이외 재료를 사용하거나 석쇠 등 요구사항의 조리기구를 사용하지 않은 경우
   아) 지정된 수험자지참준비물 이외의 조리기구를 조리에 사용한 경우
   자) 가스레인지 화구 2개 이상(2개 포함) 사용한 경우
   차) 시험 중 시설 장비(칼, 가스레인지 등) 사용 시 시험위원 및 타수험자의 시험 진행에 위해를 일으킬 것으로 시험위원 전원이 합의하여 판단한 경우
   카) 요구사항에 표시된 실격 및 부정행위에 해당하는 경우
7) 항목별 배점은 위생상태 및 안전관리 5점, 조리기술 30점, 작품의 평가 15점입니다.
8) 시험시작 전 가벼운 몸 풀기(스트레칭) 동작으로 긴장을 풀고 시험을 시작합니다.

지급재료목록

도미(200~250g)	1마리
대파 흰부분(10cm)	1토막
죽순	30g
건다시마(5×10cm)	1장
소금	20g
국간장	5㎖
레몬	1/4개
청주	5㎖

요구사항

가. 도미머리 부분을 반으로 갈라 50~60g 크기로 사용하시오.(단, 도미는 머리만 사용하여야 하고, 도미 몸통(살) 사용할 경우 오작 처리됩니다.)
나. 소금을 뿌려 놓았다가 끓는 물에 데쳐 손질하시오.
다. 다시마와 도미머리를 넣어 은근하게 국물을 만들어 간 하시오.
라. 대파의 흰부분은 가늘게 채(시라가네기) 썰어 사용하시오.
마. 간을 하여 각 곁들일 재료를 넣어 국물을 부어 완성하시오.

만드는 방법

1 냄비에 물을 올린다. 대파는 길이로 잘라 심지를 제거하고 곱게 채 썰어(시라가네기) 찬 물에 담근다. 죽순은 물이 끓으면 데친다.

2 도미는 비늘, 지느러미를 제거 후 배를 갈라 아가미와 내장을 제거한다. 도미머리를 사선으로 자른다.
★ 도미는 머리만 사용할 거라 비늘 제거할 때 사용할 머리쪽을 집중해서 제거한다.

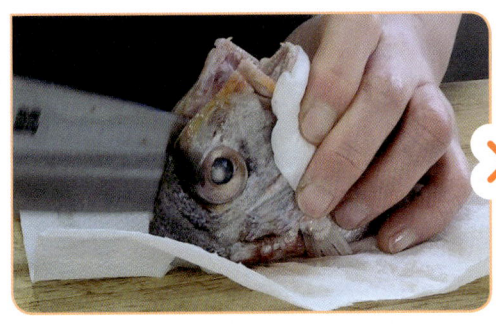

3 도미머리 입 속에 칼을 넣어 반으로 자른다.

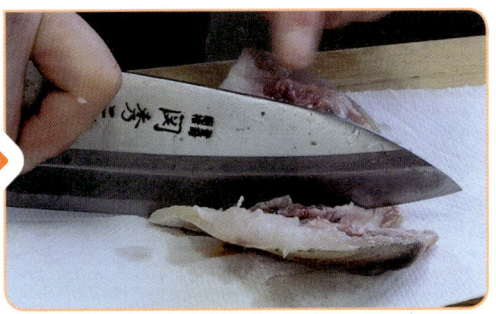

4 3의 도미머리를 잘라 두 쪽을 낸다. 주둥이 끝을 살짝 자른다. 칼로 골수를 긁어내고, 아가미를 제거한 후 지저분한 것들을 씻어낸다.

5 손질한 도미머리 양쪽에 소금을 뿌려준다.

6 끓는 물에 죽순을 먼저 데쳐낸 다음 도미머리를 데친 후 물에 깨끗이 씻어 준비한다.
★ 도미머리를 냄비 안에 넣어 데치는 방법도 있고, 뜨거운 물을 계속 끼얹는 방법도 있다.

PART 02 _ 일식조리기능사

7 레몬오리발을 만들어 물에 담근다. 죽순은 얇게 편 썰어 놓는다. 물에 담가둔 대파 채도 도미머리가 익을 때쯤 물기를 제거한다.

8 다시마와 도미머리를 넣고 중약불로 끓인다. 끓어오르면 다시마는 건져낸다. 도미가 물에 뜨고 눈이 하얗게 익으면 불을 끈다.

9 도미머리를 완성 그릇에 담아 놓고, 죽순과 시라가네기(대파채)도 함께 담는다. 국물은 젖은 면포로 걸러 소금 1/3t, 국간장 1/2t, 청주 1t를 넣고 다시 데운다. 끓으면 육수 80%를 붓고 레몬오리발을 띄워 완성한다.

합격을 위한 TIP

- 도미머리만 사용하고 몸통은 사용하지 않는다.
- 다시마는 도미머리와 함께 끓인다.
- 국물 색이 너무 진하지 않도록 국간장 넣을 때 주의한다.

11. 도미머리맑은국

12 도미조림

たいのあらたき 타이노아라타끼

시험시간 30분

수험자 유의사항 공통

1) 만드는 순서에 유의하며, 위생과 숙련된 기능평가를 위하여 조리작업 시 맛을 보지 않습니다.
2) 지정된 수험자지참준비물 이외의 조리기구나 재료를 시험장내에 지참할 수 없습니다.
3) 지급재료는 시험 전 확인하여 이상이 있을 경우 시험위원으로부터 조치를 받고 시험 중에는 재료의 교환 및 추가지급은 하지 않습니다.
4) 요구사항 및 지급재료의 규격은 "정도"의 의미를 포함하며, 재료의 크기에 따라 가감하여 채점됩니다.
5) 위생복, 위생모, 앞치마를 착용하여야 하며, 시험장비·조리기구 취급 등 안전에 유의합니다.
6) 다음 사항은 실격에 해당하여 채점 대상에서 제외됩니다.
    가) 수험자 본인이 시험 도중 시험에 대한 포기 의사를 표현하는 경우
    나) 위생복, 위생모, 앞치마, 마스크를 착용하지 않은 경우
    다) 시험시간 내에 과제 두 가지를 제출하지 못한 경우
    라) 문제의 요구사항대로 과제의 수량이 만들어지지 않은 경우
    마) 구이를 조림 등으로 조리하여 완성품을 요구사항과 다르게 만든 경우
    바) 불을 사용하여 만든 조리작품이 작품특성에 벗어나는 정도로 타거나 익지 않은 경우
    사) 해당과제의 지급재료 이외 재료를 사용하거나 석쇠 등 요구사항의 조리기구를 사용하지 않은 경우
    아) 지정된 수험자지참준비물 이외의 조리기구를 조리에 사용한 경우
    자) 가스레인지 화구 2개 이상(2개 포함) 사용한 경우
    차) 시험 중 시설 장비(칼, 가스레인지 등) 사용 시 시험위원 및 타수험자의 시험 진행에 위해를 일으킬 것으로 시험위원 전원이 합의하여 판단한 경우
    카) 요구사항에 표시된 실격 및 부정행위에 해당하는 경우
7) 항목별 배점은 위생상태 및 안전관리 5점, 조리기술 30점, 작품의 평가 15점입니다.
8) 시험시작 전 가벼운 몸 풀기(스트레칭) 동작으로 긴장을 풀고 시험을 시작합니다.

지급재료목록

- 도미(200~250g)   1마리
- 우엉   40g
- 꽈리고추   30g
- 통생강   30g
- 흰설탕   60g
- 청주   50㎖
- 진간장   90㎖
- 소금   5g
- 건다시마(5×10cm) 1장
- 맛술(미림)   50㎖

요구사항

가. 손질한 도미를 5~6㎝로 자르고 머리는 반으로 갈라 소금을 뿌리시오.
나. 머리와 꼬리는 데친 후 불순물을 제거하시오.
다. 냄비에 앉혀 양념하여 조리하시오.
라. 완성 후 접시에 담고 생강채(하리쇼가)와 채소를 앞쪽에 담아내시오.

손질한 도미 5cm

만드는 방법

1 다시마는 젖은 면포로 가볍게 닦아 물 1컵에 다시마를 넣어 끓인다. 끓으면 불을 끄고 다시마를 건진다.

2 우엉은 칼등으로 껍질을 벗겨 길이 5cm 젓가락 썰기하여 찬물에 담가 갈변처리 한다.

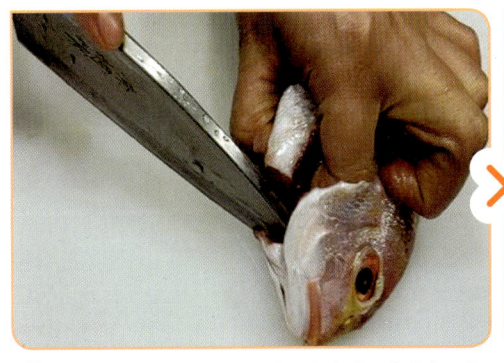

3 도미는 비늘과 지느러미, 아가미, 내장을 제거한 후 3토막 낸다.

4 도미머리는 반으로 잘라 2쪽, 꼬리는 끝을 단정히 잘라 1개, 몸통은 2장 뜨기(몸통 한쪽엔 뼈가 붙어 있게 하고 한쪽은 살만 있게)한다. 소금을 많이 뿌려 절인다.

5 끓는 물에 절인 도미를 데쳐 찬물에 깨끗이 씻는다.

6 꽈리고추는 옆으로 썰어 5cm로 하고 크기가 작은 것은 꼬치로 구멍을 내어 그대로 사용한다.

PART 02 _ **일식조리기능사**

7 다시물 1컵, 맛술 3T, 설탕 3T, 간장 4T로 양념장을 만든다. 생강(하리쇼가)은 아주 곱게 채를 썬 다음 찬물에 담근다.

8 우엉을 깔고 도미를 올린다. 불을 켜고 청주 3T를 넣어 알코올을 날려준다. 만들어 놓은 양념장을 넣어 조린다. 호일로 덮어 조린다.

9 조림 국물이 졸아 들어 윤기가 나면 호일을 걷어내고 국물을 끼얹어가며 간이 고루 베도록 한다. 조림 국물이 4큰술 정도 남았을 때 꽈리고추를 넣고 살짝 익힌 후 마무리한다. 그릇에 담을 때, 우엉과 꽈리고추를 맨 앞에 놓는다. 생강채도 앞쪽에 세워 놓는다. 윤기 나는 조림 국물을 끼얹어 완성한다.

합격을 위한 TIP

- 도미를 냄비에 앉히고 청주와 맛술을 먼저 넣어 윤기가 나도록 조린다.
- 호일을 뚜껑으로 사용하면 도미가 빨리 익고, 조림상태를 확인할 수 있다.
- 도미살이 부서지지 않도록 하고, 꽈리고추를 나중에 넣어 색을 살린다.

13 소고기덮밥

ぎゅうにのどんぶり 규니꾸노돈부리

시험시간 30분

수험자 유의사항 공통

1) 만드는 순서에 유의하며, 위생과 숙련된 기능평가를 위하여 조리작업 시 맛을 보지 않습니다.
2) 지정된 수험자지참준비물 이외의 조리기구나 재료를 시험장내에 지참할 수 없습니다.
3) 지급재료는 시험 전 확인하여 이상이 있을 경우 시험위원으로부터 조치를 받고 시험 중에는 재료의 교환 및 추가 지급은 하지 않습니다.
4) 요구사항 및 지급재료의 규격은 "정도"의 의미를 포함하며, 재료의 크기에 따라 가감하여 채점됩니다.
5) 위생복, 위생모, 앞치마를 착용하여야 하며, 시험장비·조리기구 취급 등 안전에 유의합니다.
6) 다음 사항은 실격에 해당하여 채점 대상에서 제외됩니다.
   가) 수험자 본인이 시험 도중 시험에 대한 포기 의사를 표현하는 경우
   나) 위생복, 위생모, 앞치마, 마스크를 착용하지 않은 경우
   다) 시험시간 내에 과제 두 가지를 제출하지 못한 경우
   라) 문제의 요구사항대로 과제의 수량이 만들어지지 않은 경우
   마) 구이를 조림 등으로 조리하여 완성품을 요구사항과 다르게 만든 경우
   바) 불을 사용하여 만든 조리작품이 작품특성에 벗어나는 정도로 타거나 익지 않은 경우
   사) 해당과제의 지급재료 이외 재료를 사용하거나 석쇠 등 요구사항의 조리기구를 사용하지 않은 경우
   아) 지정된 수험자지참준비물 이외의 조리기구를 조리에 사용한 경우
   자) 가스레인지 화구 2개 이상(2개 포함) 사용한 경우
   차) 시험 중 시설 장비(칼, 가스레인지 등) 사용 시 시험위원 및 타수험자의 시험 진행에 위해를 일으킬 것으로 시험위원 전원이 합의하여 판단한 경우
   카) 요구사항에 표시된 실격 및 부정행위에 해당하는 경우
7) 항목별 배점은 위생상태 및 안전관리 5점, 조리기술 30점, 작품의 평가 15점입니다.
8) 시험시작 전 가벼운 몸 풀기(스트레칭) 동작으로 긴장을 풀고 시험을 시작합니다.

지급재료목록

- 소고기 60g
- 양파(150g) 1/3개
- 실파(1뿌리) 20g
- 팽이버섯 10g
- 달걀 1개
- 김 1/4개
- 흰설탕 10g
- 진간장 15㎖
- 건다시마(5x10cm) 1장
- 맛술(미림) 15㎖
- 소금 2g
- 밥(뜨거운 밥) 120g
- 가다랑어포(가쓰오부시) 10g

요구사항

가. 덮밥용 양념간장(돈부리 다시)을 만들어 사용하시오.
나. 고기, 채소, 달걀은 재료 특성에 맞게 조리하여 준비한 밥 위에 올려놓으시오.
다. 김을 구워 칼로 잘게 썰어(하리노리) 사용하시오.

1. 면포로 다시마를 닦아 찬물 200㎖를 붓고 끓으면 다시마를 건져내고 불을 끈 후 다시마 끓인 물에 가스오를 넣어 5분 정도 우린다. 고운 면포로 걸러 가스오다시물(1번 다시)을 만든다.

2. 양파는 그 자체가 두꺼울 수 있으니 얇게 4cm 정도로 썬다.

3. 팽이버섯은 밑둥을 잘라 뜯어 끝을 나란히 하여 4cm로 썬다.

4. 실파는 4cm로 자른다.
실파 줄기흰부분은 먼저 넣어 익히고 초록색 부분은 나중에 넣는다.

5. 밥은 제출 그릇에 담아 정돈한다. 소고기는 결을 꺾어 얇게 포 뜬다. 달걀은 소금을 넣어 젓가락으로 풀어 준비한다.

6. 김은 구워 사용한다.
채 썰어 물이 닿지 않도록 잘 둔다.

PART 02 _ 일식조리기능사

7 팬에 다시물 70㎖에 진간장 1T, 맛술 1T, 설탕 2t를 넣어 돈부리 소스를 만들어 끓이면서 소고기를 먼저 넣는다.

8 여기에 소고기가 반쯤 익으면 양파를 넣는다. 거품을 계속 제거하면서 조리한다.
★ 소고기덮밥 조리 시 오믈렛 팬을 사용하면 돈부리 그릇에 담아낼 때 좋다.

9 8에 팽이버섯, 실파를 넣고 거품을 다시 제거한 후 달걀을 넣고 반숙으로 익혀 불을 끈다. 밥에 덮는다. 채썬김(하리노리)을 올려 완성한다.
★★ 소고기덮밥에서 달걀은 반숙으로 익혀야 한다.

합격을 위한 TIP

- 국물이 밥밑에 자작하게 있도록 하고, 밥이 불지 않도록 나중에 조리한다.
- 달걀은 완전히 익히지 않아야 한다. 반숙일 때 불을 꺼도 잔열로 익는다.
- 김 채 올리는 걸 잊지 않는다.

13. 소고기덮밥

14 우동볶음
やきうどん 야끼우동

시험시간 30분

수험자 유의사항 공통

1) 만드는 순서에 유의하며, 위생과 숙련된 기능평가를 위하여 조리작업 시 맛을 보지 않습니다.
2) 지정된 수험자지참준비물 이외의 조리기구나 재료를 시험장내에 지참할 수 없습니다.
3) 지급재료는 시험 전 확인하여 이상이 있을 경우 시험위원으로부터 조치를 받고 시험 중에는 재료의 교환 및 추가 지급은 하지 않습니다.
4) 요구사항 및 지급재료의 규격은 "정도"의 의미를 포함하며, 재료의 크기에 따라 가감하여 채점됩니다.
5) 위생복, 위생모, 앞치마를 착용하여야 하며, 시험장비·조리기구 취급 등 안전에 유의합니다.
6) 다음 사항은 실격에 해당하여 채점 대상에서 제외됩니다.
   가) 수험자 본인이 시험 도중 시험에 대한 포기 의사를 표현하는 경우
   나) 위생복, 위생모, 앞치마, 마스크를 착용하지 않은 경우
   다) 시험시간 내에 과제 두 가지를 제출하지 못한 경우
   라) 문제의 요구사항대로 과제의 수량이 만들어지지 않은 경우
   마) 구이를 조림 등으로 조리하여 완성품을 요구사항과 다르게 만든 경우
   바) 불을 사용하여 만든 조리작품이 작품특성에 벗어나는 정도로 타거나 익지 않은 경우
   사) 해당과제의 지급재료 이외 재료를 사용하거나 석쇠 등 요구사항의 조리기구를 사용하지 않은 경우
   아) 지정된 수험자지참준비물 이외의 조리기구를 조리에 사용한 경우
   자) 가스레인지 화구 2개 이상(2개 포함) 사용한 경우
   차) 시험 중 시설 장비(칼, 가스레인지 등) 사용 시 시험위원 및 타수험자의 시험 진행에 위해를 일으킬 것으로 시험위원 전원이 합의하여 판단한 경우
   카) 요구사항에 표시된 실격 및 부정행위에 해당하는 경우
7) 항목별 배점은 위생상태 및 안전관리 5점, 조리기술 30점, 작품의 평가 15점입니다.
8) 시험시작 전 가벼운 몸 풀기(스트레칭) 동작으로 긴장을 풀고 시험을 시작합니다.

지급재료목록

- 우동 150g
- 작은새우살 3마리
- 갑오징어몸살 50g
- 양파 1/8개(150g)
- 생표고버섯 1개
- 청피망 1/2개(75g)
- 진간장 15㎖
- 맛술(미림) 15㎖
- 가다랑어포(하나가쓰오) 10g
- 식용유 15㎖
- 참기름 5㎖
- 소금 5g
- 숙주 80g
- 당근 50g
- 청주 30㎖

요구사항

가. 새우는 껍질과 내장을 제거하고 사용하시오.
나. 오징어는 솔방울 무늬로 칼집을 넣어 1×4㎝ 크기로 썰어서 데쳐 사용하시오.
다. 우동은 데쳐서 사용하시오.
라. 가다랑어포(하나가쓰오)를 고명으로 얹으시오.

오징어 4cm

14. 우동볶음

만드는 방법

1 채소는 4×1cm보다 크게 썰지 않는다. 우동면 폭이 있으니 너무 넓게 썰지 않는다.

2 숙주는 거두절미한다.

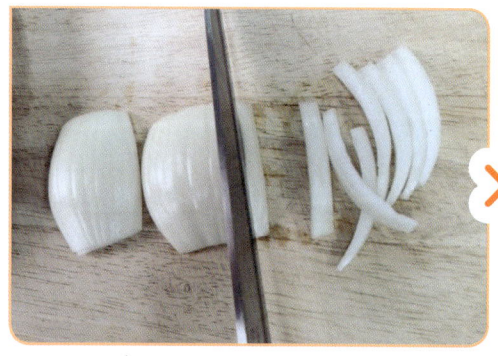

3 양파는 겹친 것을 떼어내어 각각 썰어야 규격이 일정하고 단정하다.

4 새우는 내장을 제거하고 데쳐서 껍질을 제거한다.

5 오징어는 껍질을 벗기고 반대쪽에 칼집을 넣어 4×1cm로 썰어 데친다.

6 새우, 오징어 데쳐낸 물에 우동을 넣고 면이 풀어지면 체에 밭쳐둔다.

PART 02 _ **일식조리기능사**

7 볶음 하기 전 소스장을 만들면 좋다.
간장 1T, 맛술 1T로 만든다.

8 달군 팬에 기름을 두르고 양파, 당근, 생표고 버섯을 넣고 볶다가 새우, 오징어를 넣은 후 청주 2T를 넣는다.

★ 해산물을 넣고 청주를 넣어주면 해산물 잡내 제거도 되지만 재료가 타지 않아서 좋다.

9 8에 우동, 숙주, 청피망을 넣어 볶으면서 소스장(간장 1T, 맛술 1T)과 소금을 넣어 소스가 없어질 만큼 볶은 후 불을 세게 하고 참기름을 넣어 향을 낸다. 완성 그릇에 담고 지급된 하나가스오를 모두 올린다.

합격을 위한 TIP

- 재료들의 규격을 일정하게 썰고 새우, 오징어는 살짝 데쳐서 사용한다.
- 볶은 우동면의 색이 밝은 채소들과 어울리도록 너무 진하지도 옅지도 않아야 한다.
- 볶음이므로 소스국물이 없도록 볶아 하나가스오를 올려 제출한다.

14. **우동볶음**

15 메밀국수
ざるそば 자루소바

시험시간 30분

수험자 유의사항 공통

1) 만드는 순서에 유의하며, 위생과 숙련된 기능평가를 위하여 조리작업 시 맛을 보지 않습니다.
2) 지정된 수험자지참준비물 이외의 조리기구나 재료를 시험장내에 지참할 수 없습니다.
3) 지급재료는 시험 전 확인하여 이상이 있을 경우 시험위원으로부터 조치를 받고 시험 중에는 재료의 교환 및 추가 지급은 하지 않습니다.
4) 요구사항 및 지급재료의 규격은 "정도"의 의미를 포함하며, 재료의 크기에 따라 가감하여 채점됩니다.
5) 위생복, 위생모, 앞치마를 착용하여야 하며, 시험장비·조리기구 취급 등 안전에 유의합니다.
6) 다음 사항은 실격에 해당하여 채점 대상에서 제외됩니다.
   가) 수험자 본인이 시험 도중 시험에 대한 포기 의사를 표현하는 경우
   나) 위생복, 위생모, 앞치마, 마스크를 착용하지 않은 경우
   다) 시험시간 내에 과제 두 가지를 제출하지 못한 경우
   라) 문제의 요구사항대로 과제의 수량이 만들어지지 않은 경우
   마) 구이를 조림 등으로 조리하여 완성품을 요구사항과 다르게 만든 경우
   바) 불을 사용하여 만든 조리작품이 작품특성에 벗어나는 정도로 타거나 익지 않은 경우
   사) 해당과제의 지급재료 이외 재료를 사용하거나 석쇠 등 요구사항의 조리기구를 사용하지 않은 경우
   아) 지정된 수험자지참준비물 이외의 조리기구를 조리에 사용한 경우
   자) 가스레인지 화구 2개 이상(2개 포함) 사용한 경우
   차) 시험 중 시설 장비(칼, 가스레인지 등) 사용 시 시험위원 및 타수험자의 시험 진행에 위해를 일으킬 것으로 시험위원 전원이 합의하여 판단한 경우
   카) 요구사항에 표시된 실격 및 부정행위에 해당하는 경우
7) 항목별 배점은 위생상태 및 안전관리 5점, 조리기술 30점, 작품의 평가 15점입니다.
8) 시험시작 전 가벼운 몸 풀기(스트레칭) 동작으로 긴장을 풀고 시험을 시작합니다.

지급재료목록

- 메밀국수(건면 100g 대체가능) 150g
- 무 60g
- 실파 40g
- 김 1/2장
- 고추냉이 10g
- 진간장 50㎖
- 흰설탕 25g
- 청주 15㎖
- 맛술(미림) 10㎖
- 각얼음 200g
- 건다시마 1장(5×10cm)
- 가다랑어포(가쓰오부시) 10g

요구사항

가. 소바다시를 만들어 얼음으로 차게 식히시오.
나. 메밀국수는 삶아 얼음으로 차게 식혀서 사용하시오.
다. 메밀국수는 접시에 김발을 펴서 그 위에 올려내시오.
라. 김은 가늘게 채 썰어(하리노리) 메밀국수에 얹어 내시오.
마. 메밀국수, 양념(야쿠미), 소바다시를 각각 따로 담아내시오.

15. 메밀국수

만드는 방법

1 면포로 다시마를 닦아 찬물 300㎖를 붓고 끓으면 다시마를 건져내고 불을 끈 후 다시마 끓인 물에 가스오를 넣어 5분 정도 우린다. 고운 면포로 걸러 가스오다시물(1번 다시)을 만든다.

2 무를 갈아 수분을 빼고 단정하게 모양을 잡는다.

3 와사비가루에 물을 조금씩 넣고 개어 단정하게 모양 잡아 놓는다.

4 실파는 송송 썰어 바로 그릇에 담아도 되고, 찬물에 살짝 씻어 매운맛을 제거해서 사용하기도 한다.

5 다시물 200㎖, 간장 3T, 설탕 2T, 청주 1T, 맛술 2t를 넣고 설탕이 녹을 때까지 끓인다. 찬 얼음물에 중탕으로 식힌다.

6 메밀국수는 끓는 물에 소금을 넣고 3분(끓어오르면 물 1컵씩 넣어 3번 반복) 삶아 찬물에 헹군 후 얼음물에 잠시 담근다.

PART 02 _ **일식조리기능사**

7 김을 구워 가늘게 채 썬다.
★ 김은 구운 후 바로 썰어야 잘 썰린다. 대바로 썰면 수월하다.

8 메밀면은 얼음물에 오래 담가놓지 않는다. 면을 얼음물에 빨아서 따리를 틀어 김발 위에 올린다.

9 면 위에 김 채를 올린다. 식힌 소바다시와 메밀국수, 야쿠미를 곁들여 제출한다.

합격을 위한 TIP

- 얼음은 두 군데로 나눠 메밀면과 소바다시를 차게 식히는데 사용한다.
- 메밀국수가 풀어지지 않도록 단정하게 말아 김발 위에 올린다.
- 메밀국수는 소바다시, 야쿠미와 함께 낸다.

16 삼치소금구이
さわらのしおやき 삼치소금구이

시험시간 30분

수험자 유의사항 공통

1) 만드는 순서에 유의하며, 위생과 숙련된 기능평가를 위하여 조리작업 시 맛을 보지 않습니다.
2) 지정된 수험자지참준비물 이외의 조리기구나 재료를 시험장내에 지참할 수 없습니다.
3) 지급재료는 시험 전 확인하여 이상이 있을 경우 시험위원으로부터 조치를 받고 시험 중에는 재료의 교환 및 추가 지급은 하지 않습니다.
4) 요구사항 및 지급재료의 규격은 "정도"의 의미를 포함하며, 재료의 크기에 따라 가감하여 채점됩니다.
5) 위생복, 위생모, 앞치마를 착용하여야 하며, 시험장비·조리기구 취급 등 안전에 유의합니다.
6) 다음 사항은 실격에 해당하여 채점 대상에서 제외됩니다.
   가) 수험자 본인이 시험 도중 시험에 대한 포기 의사를 표현하는 경우
   나) 위생복, 위생모, 앞치마, 마스크를 착용하지 않은 경우
   다) 시험시간 내에 과제 두 가지를 제출하지 못한 경우
   라) 문제의 요구사항대로 과제의 수량이 만들어지지 않은 경우
   마) 구이를 조림 등으로 조리하여 완성품을 요구사항과 다르게 만든 경우
   바) 불을 사용하여 만든 조리작품이 작품특성에 벗어나는 정도로 타거나 익지 않은 경우
   사) 해당과제의 지급재료 이외 재료를 사용하거나 석쇠 등 요구사항의 조리기구를 사용하지 않은 경우
   아) 지정된 수험자지참준비물 이외의 조리기구를 조리에 사용한 경우
   자) 가스레인지 화구 2개 이상(2개 포함) 사용한 경우
   차) 시험 중 시설 장비(칼, 가스레인지 등) 사용 시 시험위원 및 타수험자의 시험 진행에 위해를 일으킬 것으로 시험위원 전원이 합의하여 판단한 경우
   카) 요구사항에 표시된 실격 및 부정행위에 해당하는 경우
7) 항목별 배점은 위생상태 및 안전관리 5점, 조리기술 30점, 작품의 평가 15점입니다.
8) 시험시작 전 가벼운 몸 풀기(스트레칭) 동작으로 긴장을 풀고 시험을 시작합니다.

지급재료목록

- 삼치(400~450g) 1/2마리
- 레몬 1/4개
- 깻잎 1장
- 소금 30g
- 무 50g
- 우엉 60g
- 식초 30㎖
- 진간장 30㎖
- 청주 15㎖
- 흰참깨 2g
- 쇠꼬챙이 3개
- 맛술(미림) 10㎖
- 식용유 10㎖
- 건다시마 1장
- 흰설탕 30g

요구사항

※ 주어진 재료를 사용하여 다음과 같이 삼치소금구이를 만드시오.

가. 삼치는 세장뜨기한 후 소금을 뿌려 10~20분 후 씻고 쇠꼬챙이에 끼워 구워내시오.
나. 채소는 각각 초담금 및 조림을 하시오.
다. 구이 그릇에 삼치소금구이와 곁들임을 담아 완성하시오.
라. 길이 10㎝ 크기로 2조각을 제출하시오.

삼치 10cm

1 젖은 면포로 다시마를 닦아 찬물 200㎖를 붓고 끓으면 다시마를 건진다.

2 무를 사방 3cm 정도의 기둥 모양으로 썰어 윗면에 0.1cm 간격으로 촘촘하게 칼집을 낸 다음 식초 1T, 설탕 1T, 소금 1t로 단촛물을 만들어 초담금을 한다.

3 우엉은 칼등으로 껍질을 벗겨 길이 5cm 젓가락 썰기하여 찬물에 담근다.
깻잎도 찬물에 담근다.

4 삼치는 토막으로 제공된 경우 내장부분을 제거하고 세장 뜨기하여 길이 10cm로 자른 다음 껍질쪽 살을 꼬집듯이 잡아 ×자 칼집을 넣는다.

5 4의 삼치에 소금을 많이 뿌려 재워놓는다.
★ 삼치를 되도록 빨리 소금에 절인다. 소금에 절인 시간이 길수록 살이 단단하여 구울 때 좋다.

6 냄비나 팬에 식용유 약간을 두르고 우엉을 살짝 볶다가 다시마육수 100㎖, 간장 2T, 설탕 2T, 맛술 1t를 넣고 갈색 나게 조린다.

PART 02 _ 일식조리기능사

7 레몬껍질 일부를 얇게 포 떠서 곱게 다진 후 물에 담갔다가 수분을 제거한다.

8 깻잎은 물기를 닦아 접시에 깐다. 우엉은 양쪽 끝에 깨를 무친다.
단촛물에 절인 무를 가볍게 씻어 물기를 제거하고 무 중앙에 레몬가루를 뿌린다.

9 삼치는 소금을 씻어내고 물기를 닦아 꼬챙이에 끼운다. 구울 때 떨어질 수 있으니 잘 끼워 양쪽을 직화로 타지 않도록 굽는다.
살쪽을 먼저 구운 후 껍질쪽은 살짝 구어 심하게 타는 것을 방지한다.
★ 삼치를 구워 잠시 식힌 후 꼬챙이를 돌려가며 빼주어야 살이 부서지지 않는다. 뜨거울 때 꼬챙이를 빼지 않는다.

합격을 위한 TIP

- 껍질에 칼집을 넣어 소금을 많이 뿌려 살이 단단하도록 한다.
- 꼬챙이에 끼워 구워야 하고, 속까지 익도록 굽는다.

17 도미술찜

たいのさかむし 도미술찜

시험시간 30분

수험자 유의사항 공통

1) 만드는 순서에 유의하며, 위생과 숙련된 기능평가를 위하여 조리작업 시 맛을 보지 않습니다.
2) 지정된 수험자지참준비물 이외의 조리기구나 재료를 시험장내에 지참할 수 없습니다.
3) 지급재료는 시험 전 확인하여 이상이 있을 경우 시험위원으로부터 조치를 받고 시험 중에는 재료의 교환 및 추가 지급은 하지 않습니다.
4) 요구사항 및 지급재료의 규격은 "정도"의 의미를 포함하며, 재료의 크기에 따라 가감하여 채점됩니다.
5) 위생복, 위생모, 앞치마를 착용하여야 하며, 시험장비·조리기구 취급 등 안전에 유의합니다.
6) 다음 사항은 실격에 해당하여 채점 대상에서 제외됩니다.
   가) 수험자 본인이 시험 도중 시험에 대한 포기 의사를 표현하는 경우
   나) 위생복, 위생모, 앞치마, 마스크를 착용하지 않은 경우
   다) 시험시간 내에 과제 두 가지를 제출하지 못한 경우
   라) 문제의 요구사항대로 과제의 수량이 만들어지지 않은 경우
   마) 구이를 조림 등으로 조리하여 완성품을 요구사항과 다르게 만든 경우
   바) 불을 사용하여 만든 조리작품이 작품특성에 벗어나는 정도로 타거나 익지 않은 경우
   사) 해당과제의 지급재료 이외 재료를 사용하거나 석쇠 등 요구사항의 조리기구를 사용하지 않은 경우
   아) 지정된 수험자지참준비물 이외의 조리기구를 조리에 사용한 경우
   자) 가스레인지 화구 2개 이상(2개 포함) 사용한 경우
   차) 시험 중 시설 장비(칼, 가스레인지 등) 사용 시 시험위원 및 타수험자의 시험 진행에 위해를 일으킬 것으로 시험위원 전원이 합의하여 판단한 경우
   카) 요구사항에 표시된 실격 및 부정행위에 해당하는 경우
7) 항목별 배점은 위생상태 및 안전관리 5점, 조리기술 30점, 작품의 평가 15점입니다.
8) 시험시작 전 가벼운 몸 풀기(스트레칭) 동작으로 긴장을 풀고 시험을 시작합니다.

지급재료목록

- 도미(200~250g) 1마리
- 배추 50g
- 무 50g
- 생표고버섯 1개
- 쑥갓 20g
- 청주 30㎖
- 진간장 30㎖
- 식초 30㎖
- 건다시마 1장 5×10cm
- 당근 60g
- 판두부 50g
- 죽순 20g
- 레몬 1/4개
- 실파 20g
- 고춧가루 2g
- 소금 5g

요구사항

가. 머리는 반으로 자르고, 몸통은 세장뜨기 하시오.
나. 손질한 도미살을 5~6cm로 자르고 소금을 뿌려, 머리와 꼬리는 데친 후 불순물을 제거하시오.
다. 청주를 섞은 다시(국물)에 쪄내시오.
라. 당근은 매화꽃, 무는 은행잎 모양으로 만들어 익혀내시오.
마. 초간장(폰즈)과 양념(야쿠미)을 만들어 내시오.

← 손질한 도미살 5cm

17. 도미술찜

만드는 방법

1 다시마를 젖은 면포로 닦아 찬물부터 끓인다. 끓어오르면 불을 끄고 다시마를 건진다.

2 냄비에 도미 데칠 물을 올린다. 도미는 비늘과 아가미, 내장을 제거한 후 머리를 잘라 머리 2장, 몸통은 삼장뜨기 하여 몸통 2장, 꼬리 1개로 손질하여 소금을 뿌린다.

3 끓는 물에 **2**의 도미를 넣고 뜨거운 물을 끼얹어 데친다. 데친 도미는 물에 깨끗이 씻어 불순물을 제거한다.

4 물을 끓여 배추, 쑥갓줄기, 당근, 죽순, 무, 두부 등을 각각 썰어 데친다음 쑥갓 줄기를 배추로 말아 썬다. 죽순은 편 썬다.

5 표고버섯은 별모양 칼집을 낸다. 재료들을 찜그릇에 담는다. 쑥갓은 연한 잎으로 준비해 찬물에 담가 놓는다.

6 냄비에 청주 3T를 넣어 알코올을 날려준 후 육수 4T, 소금 약간을 넣고 끓여 술찜소스를 만든다.

PART 02 _ **일식조리기능사**

7 준비한 재료를 모두 담고 술찜 소스를 3T 정도 넣은 후 랩을 씌운다.
냄비에 중탕으로 10분 정도 쪄낸다.

8 술찜을 찌는 동안 야쿠미 폰즈를 만든다. 무를 강판에 갈아 고춧물을 들여 빨간무즙을 만든다. 레몬은 0.5cm 슬라이스 한다.
실파는 송송 썰어 담는다. 다시마 육수 1T, 간장 1T, 식초 1T로 폰즈를 만든다.

9 도미술찜에 쑥갓을 올린 다음 뚜껑을 잠시 닫아 익힌 후 완성한다.
야쿠미, 폰즈와 함께 제출한다.

합격을 위한 TIP

- 소금, 청주로 술찜소스를 만들어 사용한다.
- 도미를 완전히 익히고 폰즈와 야쿠미를 곁들인다.

18 달걀찜
ちゃわんむし 차완무시

시험시간 30분

수험자 유의사항 공통

1) 만드는 순서에 유의하며, 위생과 숙련된 기능평가를 위하여 조리작업 시 맛을 보지 않습니다.
2) 지정된 수험자지참준비물 이외의 조리기구나 재료를 시험장내에 지참할 수 없습니다.
3) 지급재료는 시험 전 확인하여 이상이 있을 경우 시험위원으로부터 조치를 받고 시험 중에는 재료의 교환 및 추가 지급은 하지 않습니다.
4) 요구사항 및 지급재료의 규격은 "정도"의 의미를 포함하며, 재료의 크기에 따라 가감하여 채점됩니다.
5) 위생복, 위생모, 앞치마를 착용하여야 하며, 시험장비·조리기구 취급 등 안전에 유의합니다.
6) 다음 사항은 실격에 해당하여 채점 대상에서 제외됩니다.
   가) 수험자 본인이 시험 도중 시험에 대한 포기 의사를 표현하는 경우
   나) 위생복, 위생모, 앞치마, 마스크를 착용하지 않은 경우
   다) 시험시간 내에 과제 두 가지를 제출하지 못한 경우
   라) 문제의 요구사항대로 과제의 수량이 만들어지지 않은 경우
   마) 구이를 조림 등으로 조리하여 완성품을 요구사항과 다르게 만든 경우
   바) 불을 사용하여 만든 조리작품이 작품특성에 벗어나는 정도로 타거나 익지 않은 경우
   사) 해당과제의 지급재료 이외 재료를 사용하거나 석쇠 등 요구사항의 조리기구를 사용하지 않은 경우
   아) 지정된 수험자지참준비물 이외의 조리기구를 조리에 사용한 경우
   자) 가스레인지 화구 2개 이상(2개 포함) 사용한 경우
   차) 시험 중 시설 장비(칼, 가스레인지 등) 사용 시 시험위원 및 타수험자의 시험 진행에 위해를 일으킬 것으로 시험위원 전원이 합의하여 판단한 경우
   카) 요구사항에 표시된 실격 및 부정행위에 해당하는 경우
7) 항목별 배점은 위생상태 및 안전관리 5점, 조리기술 30점, 작품의 평가 15점입니다.
8) 시험시작 전 가벼운 몸 풀기(스트레칭) 동작으로 긴장을 풀고 시험을 시작합니다.

지급재료목록

- 달걀 1개
- 밤 1개
- 생표고버섯 1/2개
- 잔새우(6~7cm) 1마리
- 쑥갓 10G
- 진간장 10㎖
- 소금 5g
- 맛술(미림) 10㎖
- 가다랑어포(가쓰오부시) 10gg
- 이쑤시개 1개
- 어묵 15g
- 닭고기살 20g
- 흰살생선 20g
- 은행 2개
- 죽순 10g
- 레몬 1/4개
- 청주 10㎖
- 건다시마 1장

요구사항

가. 찜 속재료는 각각 썰어 간 하시오.
나. 나중에 넣을 것과 처음에 넣을 것을 구분하시오.
다. 가다랑어포로 다시(국물)를 만들어 식혀서 달걀과 섞으시오.

각각의 재료 1cm

18. 달걀찜

만드는 방법

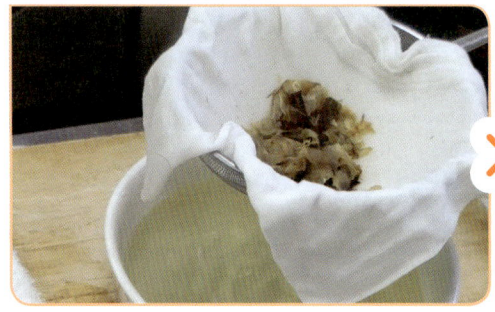

1 면포로 다시마를 닦아 찬물 300㎖를 붓고 끓으면 다시마를 건져내고 불을 끈 후 다시마 끓인 물에 가쓰오를 넣어 5분 정도 우린다. 고운 면포로 걸러 가쓰오다시물(1번 다시)을 만든다.

2 1의 다시(육수)를 식힌다. 달걀 1개(60g~70g) 육수는 달걀의 2배(120㎖)사용하고 냄비에 물을 올린다.

3 흰살생선은 데치면 줄어드니 사방 1.2cm로 썰어 청주, 소금에 밑간한 후 잠시 두었다가 데친다.

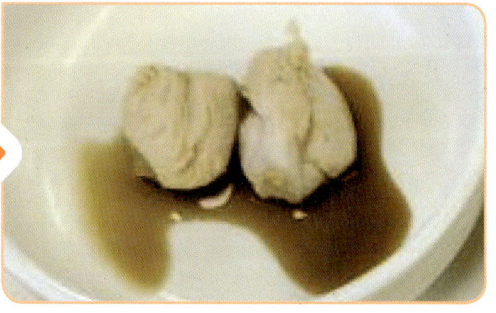

4 닭살은 데치면 줄어드니 사방 1.2cm로 썰어 청주, 간장에 밑간한 후 잠시 두었다가 데친다.

5 밤은 각진 부분을 깎아 쇠꼬챙이에 끼워 구운 후 찬물에 씻어 놓는다.
밤은 통으로 구운 후 잘라도 된다.

6 육수 120㎖(달걀의 2배)에 달걀 1개, 청주 1t, 맛술 1t, 소금 1/4t 풀어 체에 내려 거품을 걷어낸다.

PART 02 _ 일식조리기능사

7 은행은 삶아 바로 껍질을 벗긴다. 죽순, 꽃어묵, 표고버섯은 사방 1cm로 썰어 데친다. 새우는 내장을 제거하고 데쳐서 껍질을 벗겨 준비한다.
★ 식용유가 지급되지 않아 은행을 팬에 볶지 않고 삶아서 사용한다.

8 레몬은 오리발을 만들고, 쑥갓잎은 적당한 크기로 잘라 찬물에 담근다. 쑥갓, 레몬오리발을 제외하고 달걀찜 그릇에 모두 담는다. **6**의 달걀 물을 붓고 거품이 있다면 걷어낸 후 랩이나 호일을 씌운다.

9 찜통이나 냄비에 물을 끓이고, 바닥에 행주나 면포를 깐다. **8**의 달걀찜 그릇을 넣고 약한 불로 10분쯤 찐 후 뚜껑을 열어 익은 상태를 확인하고 레몬, 쑥갓잎 순으로 올린다. 다시 뚜껑을 닫고 30초 둔 후 완성한다.
★ 달걀찜을 센 불로 중탕하면 달걀이 익으면서 부풀어 부드럽지 않다. 반드시 약한 불로 찌고 찜통 바닥에 행주를 까는 이유는 그릇이 달그락거리며 움직이면서 기울어지기 때문이다.

합격을 위한 TIP

📝 각각의 재료 손질 방법에 유의하고, 나중에 넣는 재료를 구분한다.

📝 달걀찜 표면에 기포가 없이 매끄럽게 완성하려면 약불로 중탕 한다.

18. 달걀찜

19 생선초밥

にぎすし 니기리즈시

시험시간 40분

수험자 유의사항 공통

1) 만드는 순서에 유의하며, 위생과 숙련된 기능평가를 위하여 조리작업 시 맛을 보지 않습니다.
2) 지정된 수험자지참준비물 이외의 조리기구나 재료를 시험장내에 지참할 수 없습니다.
3) 지급재료는 시험 전 확인하여 이상이 있을 경우 시험위원으로부터 조치를 받고 시험 중에는 재료의 교환 및 추가지급은 하지 않습니다.
4) 요구사항 및 지급재료의 규격은 "정도"의 의미를 포함하며, 재료의 크기에 따라 가감하여 채점됩니다.
5) 위생복, 위생모, 앞치마를 착용하여야 하며, 시험장비·조리기구 취급 등 안전에 유의합니다.
6) 다음 사항은 실격에 해당하여 채점 대상에서 제외됩니다.
   가) 수험자 본인이 시험 도중 시험에 대한 포기 의사를 표현하는 경우
   나) 위생복, 위생모, 앞치마, 마스크를 착용하지 않은 경우
   다) 시험시간 내에 과제 두 가지를 제출하지 못한 경우
   라) 문제의 요구사항대로 과제의 수량이 만들어지지 않은 경우
   마) 구이를 조림 등으로 조리하여 완성품을 요구사항과 다르게 만든 경우
   바) 불을 사용하여 만든 조리작품이 작품특성에 벗어나는 정도로 타거나 익지 않은 경우
   사) 해당과제의 지급재료 이외 재료를 사용하거나 석쇠 등 요구사항의 조리기구를 사용하지 않은 경우
   아) 지정된 수험자지참준비물 이외의 조리기구를 조리에 사용한 경우
   자) 가스레인지 화구 2개 이상(2개 포함) 사용한 경우
   차) 시험 중 시설 장비(칼, 가스레인지 등) 사용 시 시험위원 및 타수험자의 시험 진행에 위해를 일으킬 것으로 시험위원 전원이 합의하여 판단한 경우
   카) 요구사항에 표시된 실격 및 부정행위에 해당하는 경우
7) 항목별 배점은 위생상태 및 안전관리 5점, 조리기술 30점, 작품의 평가 15점입니다.
8) 시험시작 전 가벼운 몸 풀기(스트레칭) 동작으로 긴장을 풀고 시험을 시작합니다.

지급재료목록

- 참치살 30g 붉은색
- 광어살(3×8cm이상 껍질 있는 것) 50g
- 새우 1마리 30~40g
- 학꽁치 1/2마리
- 도미살 30g
- 밥 200g
- 문어 50g
- 통생강 30g
- 고추냉이 20g
- 식초 70㎖
- 흰설탕 50g
- 소금 20g
- 진간장 20㎖
- 대꼬챙이 10~15cm
- 청자조기잎(시소) 1장

요구사항

가. 각 생선류와 채소를 초밥용으로 손질하시오.
나. 초밥초(스시스)를 만들어 밥에 간하여 식히시오.
다. 곁들일 초생강을 만드시오.
라. 쥔초밥(니기리스시)을 만드시오.
마. 생선초밥은 6종류 8개를 만들어 제출하시오.
바. 간장을 곁들여 내시오.

19. 생선초밥

만드는 방법

1 소금 1t, 설탕 2T, 식초 3T를 넣어 단촛물을 끓인다.
★ 데칠 재료가 많아 단촛물 먼저 끓인다.

2 밥에 단촛물을 1.5T 넣어 밥알이 깨지지 않도록 섞은 후 젖은 면포로 덮는다.
남은 단촛물은 생강을 절일 때 사용한다.

3 냄비에 데칠 물을 올린다. 깻잎은 찬물에 담근다. 와사비는 물을 조금씩 넣으면서 질지 않게 갠다.

4 참치는 소금물에 담갔다가 잠시 둔 후 헹궈 면포에 싸둔 다음 3×7cm 얇게 포 떠서 초밥용으로 잘라 준비한다.

5 생강은 얇게 편 썰어 끓는 물에 투명하게 데친 다음 단촛물에 절인다.

6 새우 머리와 내장을 제거하고 꼬지를 끼워 등이 휘지 않도록 2분 삶는다.

PART 02 _ 일식조리기능사

7 도미는 3×7cm로 잘라 껍질에 2~3회 칼집을 내고 소금에 절였다가 끓는 물을 칼집 낸 쪽에 두어 번 끼얹어 데친다.

8 문어는 소금으로 문질러 씻어 식초, 간장을 넣고 삶아 껍질을 벗겨 빨판 쪽으로 길이 7cm 물결무늬로 포 뜬다.

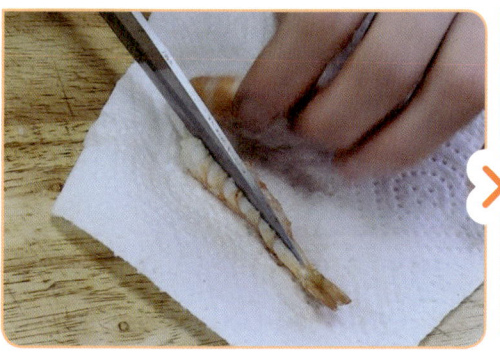

9 데친 새우는 껍질을 벗겨서 배 쪽에 칼집을 넣어 등이 잘리지 않도록 펼친다.

10 학꽁치는 비늘을 제거하고 삼장뜨기하여 칼등으로 껍질을 벗긴다.

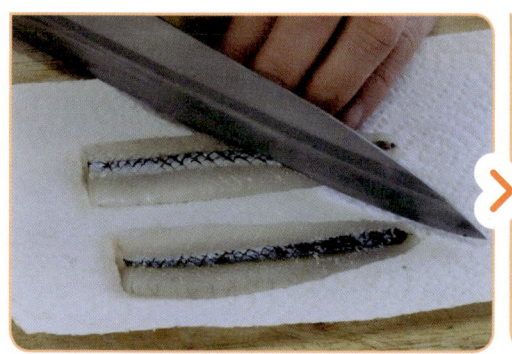

11 학꽁치는 껍질 벗긴 쪽에 사선으로 ×자 칼집을 넣어 3×7cm로 자른다.

12 광어는 껍질을 벗기고 단정하게 정리하여 사선으로 3×7cm로 포 뜬다.

19. 생선초밥

만드는 방법

13 주변을 위생적으로 깨끗이 정리한다. 초밥을 손에서 오래 쥐고 있지 않아야 하며, 와사비는 밥에 바르지 않고 회쪽에 바른다.

14 오른손으로 초밥을 빠르게 쥐고 왼손엔 생선을 잡는다. 초밥을 쥔 채 오른손 검지로 와사비를 찍어 생선에 바른 후 밥을 얹어 모양을 잡아 완성한다.

15 초밥은 6가지 재료를 모두 사용하고 8개 완성한다. 초밥을 담고 깻잎 위에 초생강을 올려 완성한 후 간장을 곁들인다.

합격을 위한 TIP

- 각각의 손질 방법을 숙지하여 재료를 손질한다.
- 지급된 6가지 재료를 모두 사용하여 8개 초밥을 만들고, 간장을 곁들인다.

PART 03

복어조리기능사
실기시험

복어조리 기능사 실기시험 기초과정

 복어 손질과정

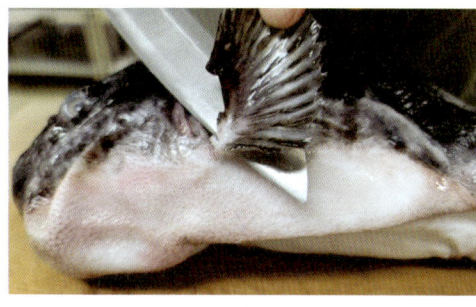

1

복어를 물에 씻어 점액질과 불순물을 제거하고 행주로 물기를 닦아낸다. 머리양쪽, 등, 배쪽의 지느러미를 잘라낸다. 잘라낸 지느러미는 씻어서 말린다.

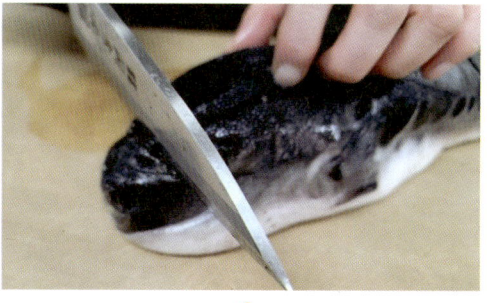

2

코뼈 중간을 힘 있게 내리쳐 자른다.

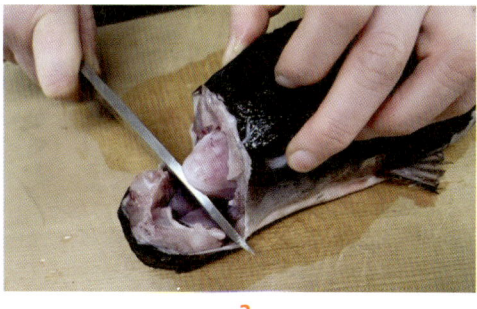

3

칼끝으로 비틀어 주둥이 관절을 잘라내고 혀를 다치지 않도록 하여 입을 잘라낸다.

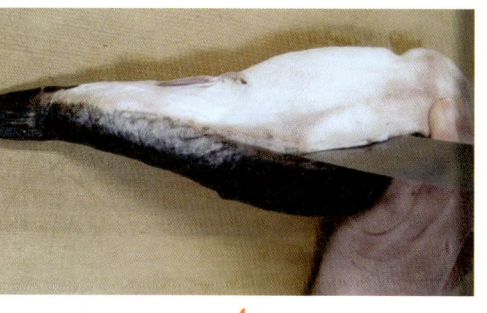

4

껍질을 벗기기 위해 몸쪽 흰껍질과 검은 껍질 사이를 칼날이 위로 향하도록 하여 자른다.
이때 복어살과 내장이 다치지 않도록 주의한다.

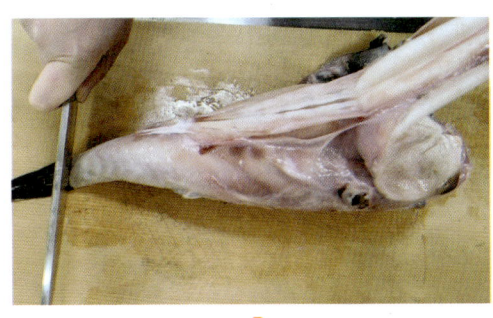

5
꼬리 쪽 껍질을 잘라 머리 쪽으로 당겨 껍질을 벗겨낸다.

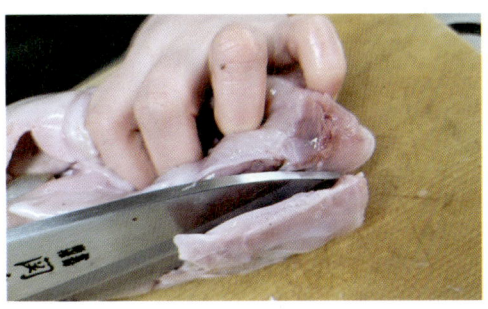

6
머리뼈와 아가미 사이에 힘있게 칼을 넣고 옆구리 뼈를 자른다. 양쪽을 모두 잘라낸다.

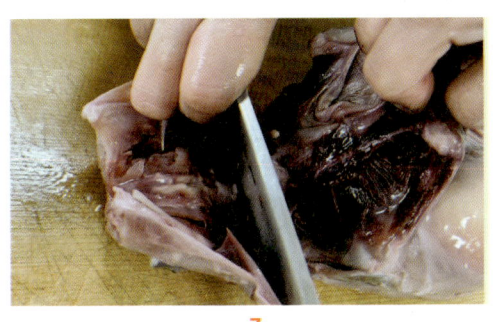

7
칼로 머리를 누른 다음 아가미를 잡고 꼬리 쪽으로 잡아당겨 내장을 분리한다.

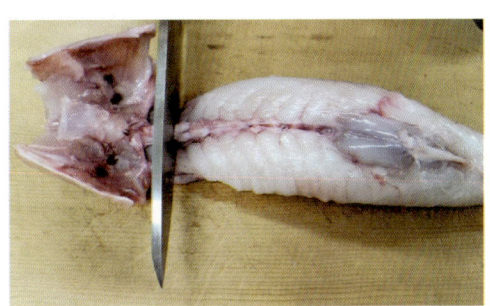

8
머리를 몸통에서 잘라낸다.

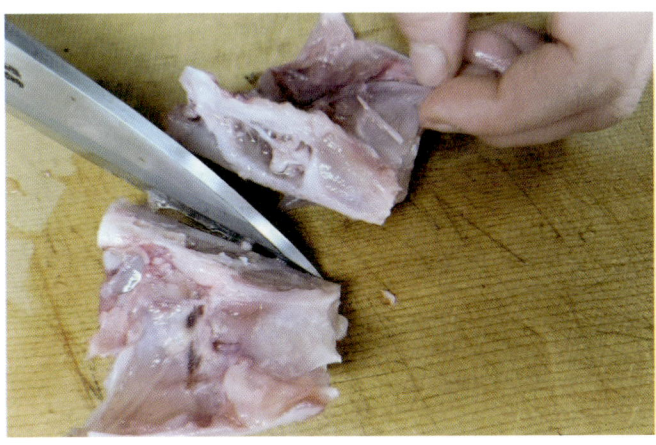

9
머리를 반으로 자른 후 골수를 칼끝으로 긁어 제거한다.

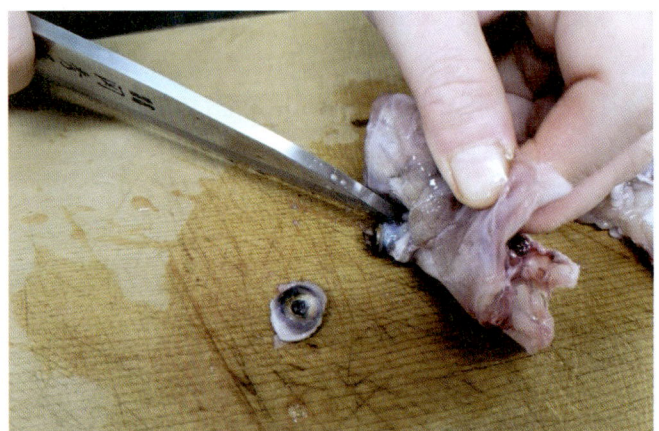

10
안구가 터지지 않도록 주의하면서 눈을 제거하고 눈 주변과 머리 안쪽에 있는 유독 부위를 칼로 긁어 제거한 후 깨끗이 씻는다.

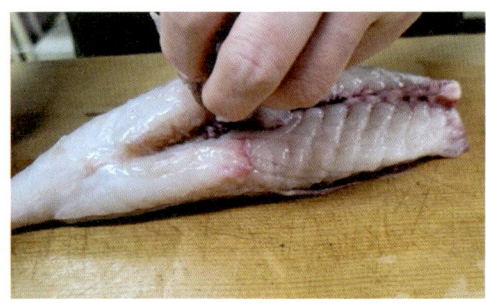

11
배꼽을 떼어낸다. 배꼽은 데쳐서 전골에 넣어 먹을 수 있다.

12
몸통은 3장 뜨기한다. 살은 횟감으로 사용하고, 뼈는 육수에 사용한다.

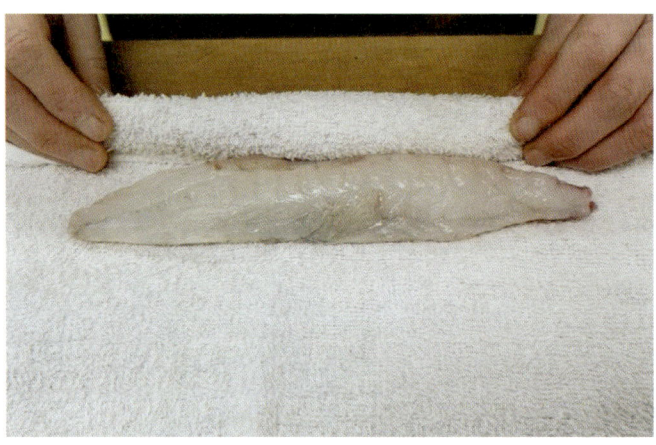

13
살은 씻어서 소금물에 담가두었다가 두꺼운 행주로 싸서 수분을 제거해 둔다.

PART 03 _ 복어조리기능사

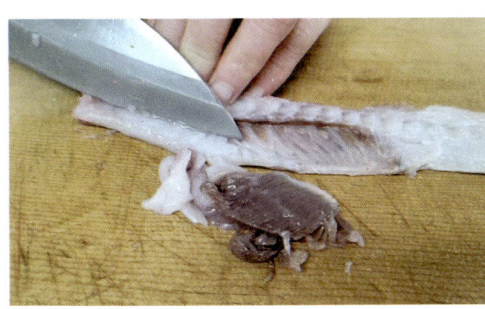

14
뼈에 붙어있는 살을 긁어 낸다.

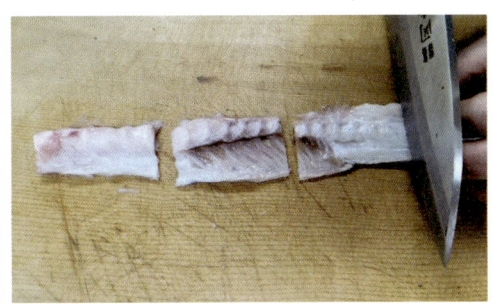

15
5cm 정도로 세 등분한다.
토막 낸 뼈에 칼집을 넣고 물에 담가 핏물을 뺀다.

16
머리뼈와 몸통뼈는
여러 번 깨끗이 씻어
물에 담갔다가 끓는 물에
데쳐낸다.
다시 깨끗이 씻어준다.

복어조리 기능사 실기시험 기초과정   213

01 복어부위감별

시험시간 1분

국가기술자격실기시험답안지

| 자격종목
(1과제) | 복어조리기능사
(복어부위감별) | 비번호 | | 감독확인 | |

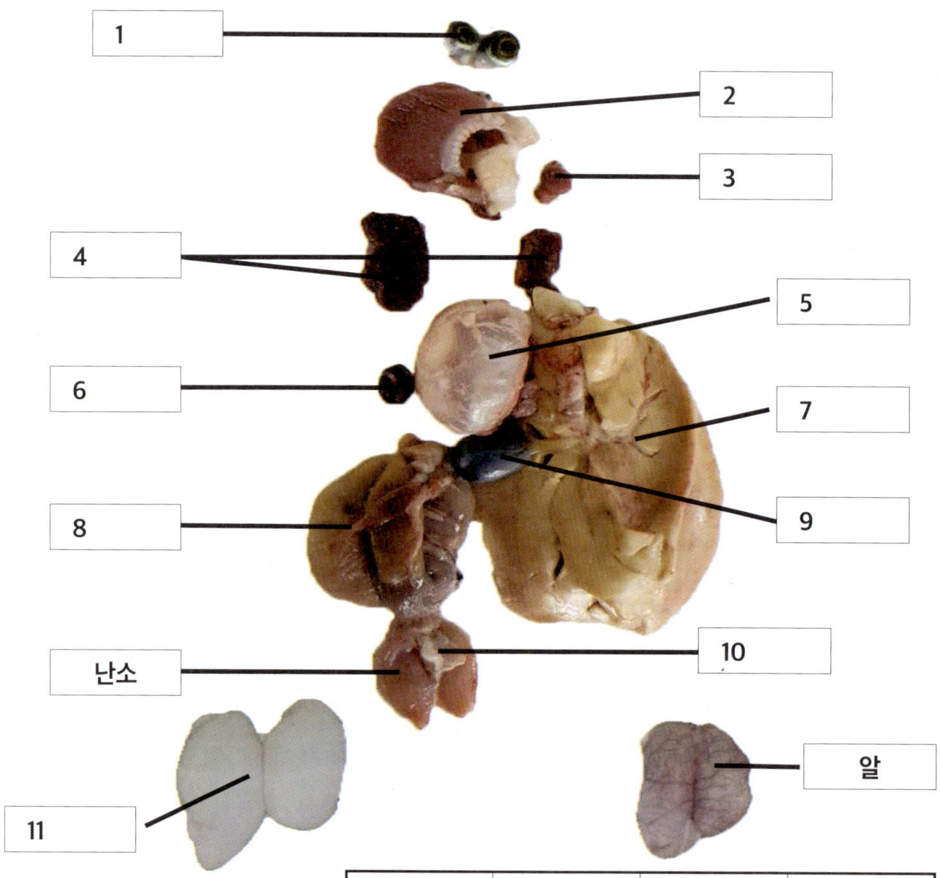

1.
2.
3.
4.
5.
6.
7.
8. 난소
9.
10.
11.
알

| 틀린개수 | 개 | 득점 | 점 |

요구사항
※ 위생과 안전에 유의하고, 지급된 재료 및 시설을 이용하여 아래 작업을 완성하시오.
  가. [1과제] 제시된 복어 부위별 사진을 보고 1분 이내에 부위별 명칭을 답안지의 네모칸 안에 작성하여 제출하시오.

국가기술자격실기시험답안지

자격종목 (1과제)	복어조리기능사 (복어부위감별)	비번호		감독확인	

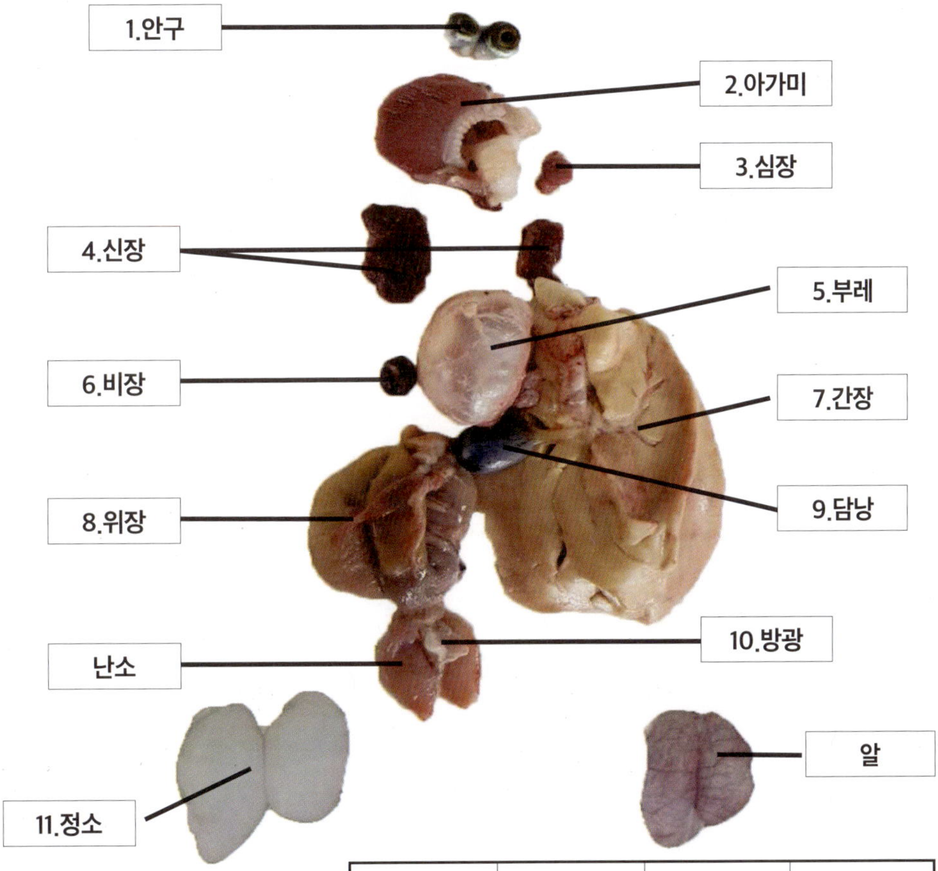

- 1. 안구
- 2. 아가미
- 3. 심장
- 4. 신장
- 5. 부레
- 6. 비장
- 7. 간장
- 8. 위장
- 9. 담낭
- 난소
- 10. 방광
- 11. 정소
- 알

틀린개수		개	득점		점

유의사항

제1과제 복어부위감별 작성시 비번호 및 답안작성은 검은색 필기구만 사용하여야 하며, 그 외 연필류, 유색 필기구, 지워지는 펜 등의 필기구를 사용하여 작성할 경우 0점 처리되오니 불이익을 당하지 않도록 유의해 주시기 바라며, 답안 정정 시에는 정정하고자 하는 단어에 두 줄(=)을 긋고 다시 작성하거나 수정테이프(수정액 제외)를 사용하여 정정하시기 바랍니다.

02 복어회, 복어껍질초회, 복어죽

시험시간 55분

2과제인 복어회, 복어회껍질초회, 복어죽을 55분안에 만들어서 제출합니다.

수험자 유의사항 공통

1) 만드는 순서에 유의하며, 위생과 숙련된 기능평가를 위하여 조리작업 시 맛을 보지 않습니다.
2) 지정된 수험자지참준비물 이외의 조리기구나 재료를 시험장내에 지참할 수 없습니다.
3) 지급재료는 시험 전 확인하여 이상이 있을 경우 시험위원으로부터 조치를 받고 시험 중에는 재료의 교환 및 추가지급은 하지 않습니다.
4) 요구사항 및 지급재료의 규격은 "정도"의 의미를 포함하며, 재료의 크기에 따라 가감하여 채점됩니다.
5) 위생복, 위생모, 앞치마를 착용하여야 하며, 시험장비 · 조리기구 취급 등 안전에 유의합니다.
6) 다음 사항은 실격에 해당하여 채점 대상에서 제외됩니다.
   가) 수험자 본인이 시험 도중 시험에 대한 포기 의사를 표현하는 경우
   나) 위생복, 위생모, 앞치마, 마스크를 착용하지 않은 경우
   다) 시험시간 내에 과제 두 가지를 제출하지 못한 경우
   라) 문제의 요구사항대로 과제의 수량이 만들어지지 않은 경우
   마) 구이를 조림 등으로 조리하여 완성품을 요구사항과 다르게 만든 경우
   바) 불을 사용하여 만든 조리작품이 작품특성에 벗어나는 정도로 타거나 익지 않은 경우
   사) 해당과제의 지급재료 이외 재료를 사용하거나 석쇠 등 요구사항의 조리기구를 사용하지 않은 경우
   아) 지정된 수험자지참준비물 이외의 조리기구를 조리에 사용한 경우
   자) 가스레인지 화구 2개 이상(2개 포함) 사용한 경우
   차) 시험 중 시설 · 장비(칼, 가스레인지 등) 사용 시 시험위원 및 타수험자의 시험 진행에 위해를 일으킬 것으로 시험위원 전원이 합의하여 판단한 경우
   카) 요구사항에 표시된 실격 및 부정행위에 해당하는 경우
7) 항목별 배점은 위생/안전 10점, 복어감별 5점, 조리기술 70점, 작품의 평가 15점입니다.
8) 시험시작 전 가벼운 몸 풀기(스트레칭) 동작으로 긴장을 풀고 시험을 시작합니다.

지급재료목록

- 복어(700g) 1마리
- 밥(찬밥 또는 햇반) 100g
- 실파(쪽파대체가능) 30g
- 무 100g
- 생표고버섯 중 1개
- 당근(곧은 것) 50g
- 미나리(줄기부분) 30g
- 김 1/4장
- 진간장 ㎖
- 건다시마 5×10cm
- 고춧가루(고운 것) 5g
- 식초 30㎖
- 달걀 1개
- 소금 정제염 10g
- 레몬 1/6쪽

요구사항

※ 위생과 안전에 유의하고, 지급된 재료 및 시설을 이용하여 아래 작업을 완성하시오.

나. [2과제] 소제와 제독작업을 철저히 하여 복어회, 복어껍질초회, 복어죽을 만드시오.
   1) 복어의 겉껍질과 속껍질을 분리하여 손질하고 가시는 제거하시오.
   2) 회는 얇게 포를 떠 국화꽃 모양으로 돌려 담고, 지느러미 껍질 미나리를 곁들이고, 초간장(폰즈)과 양념(야쿠미)을 따로 담아내시오.
   3) 복어껍질초회는 껍질, 미나리를 4㎝ 길이로 썰어 폰즈, 실파 · 빨간무즙(모미지오로시)을 사용하여 무쳐내시오.
   4) 죽은 밥을 씻어 사용하고, 살은 가늘게 채 썰거나 뼈에 붙은 살을 발라내어 사용하고, 당근 · 표고버섯은 다지고, 뼈와 다시마로 다시를 만들고, 달걀은 완성 전에 넣어 섞어주고, 실파와 채 썬 김을 얹어 완성하시오.

(1) 복어회
ふぐさしみ 후구사시미

요구사항
※ 위생과 안전에 유의하고, 지급된 재료 및 시설을 이용하여 아래 작업을 완성하시오.
나. [2과제] 소제와 제독작업을 철저히 하여 복어회, 복어껍질초회, 복어죽을 만드시오.
  2) 회는 얇게 포를 떠 국화꽃 모양으로 돌려 담고, 지느러미 껍질 미나리를 곁들이고, 초간장(폰즈)과 양념(야쿠미)을 따로 담아내시오.

1

복어의 유독부위를 제거하고 깨끗이 씻어 소금물에 담가두었다가 행주에 싸두었다.

2

복어 살에 붙은 질긴 막들을 제거하고 단정하게 정리한다..

3

얇게 회를 떠서 끝을 접어 접시에 담는다.

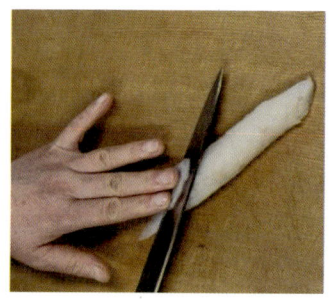

4

복어 살을 옆으로 향하게 두고 칼을 옆으로 눕혀 얇게 회를 뜬다.

5

복어회를 접시에 담을 때는 시계 반대방향으로 돌려가며 국화꽃모양으로 담는다.

6

미나리는 4cm 정도로 썬다..

7

복어 가시를 제거한 껍질과 몸통 살 쪽의 속껍질은 데쳐서 행주에 수분을 제거해 4cm로 채 썬다.

8

씻어서 말려둔 복어지느러미는 단정하게 정리한다.

9

복어회를 완성한다.

(2) 복어껍질초회
ふぐかわのすのもの 구가와노스노모노

요구사항

※ 위생과 안전에 유의하고, 지급된 재료 및 시설을 이용하여 아래 작업을 완성하시오.

나. [2과제] 소제와 제독작업을 철저히 하여 복어회, 복어껍질초회, 복어죽을 만드시오.

   3) 복어껍질초회는 껍질, 미나리를 4㎝ 길이로 썰어 폰즈, 실파·빨간무즙(모미지오로시)을 사용하여 무쳐내시오.

복어부재료손질

1 재료 씻어서 준비한다.

2 미나리 줄기부분을 4cm정도로 썬다.

3 실파는 송송 썬다.

4 무는 강판에 갈아 찬물에 헹구고 물기를 꼭 짠다.

5 고춧가루는 체에 내려 무즙에 물들인다.

6 다시마를 젖은 면포로 닦아 찬물을 붓고 끓여 육수를 만든다.

7

폰즈는 간장 2T, 식초 2T, 육수 2T씩 넣어 만든다.

8

야쿠미를 완성하고 고추무즙과 폰즈를 남겨 복어껍질초회 무칠 때 사용한다.

 ## 복어껍질손질

1

복어껍질의 안 쪽 막을 제거한다.

2

복어껍질의 가시를 제거한다.

3

복어살 몸통의 속껍질을 얇게 떠낸다.

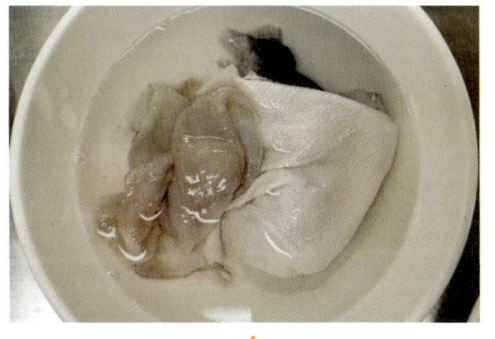

4

가시를 제거한 복어 겉껍질과 얇게 포 뜬 속껍질은 깨끗이 씻는다.

PART 03 _ **복어조리기능사**

5
끓는 물에 데쳐 찬물이나 얼음물에 담가 식힌다.

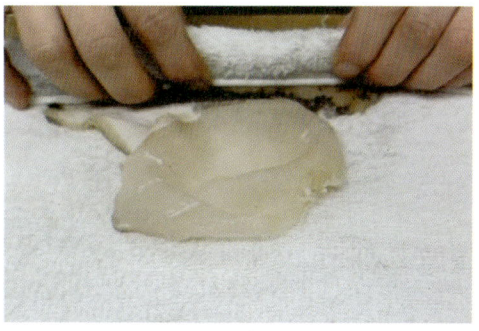

6
행주에 잠시 싸둔다.

7
수분이 제거된 껍질을 4cm로 자른다.

8
고춧물 무즙과 폰즈를 준비한다.

9
복어껍질에 미나리, 실파, 빨간무즙, 폰즈를 넣어 무친다.
제출 직전 무쳐야한다.

(2). **복어껍질초회**

(3) 복어죽

요구사항

※ 위생과 안전에 유의하고, 지급된 재료 및 시설을 이용하여 아래 작업을 완성하시오.

나. [2과제] 소제와 제독작업을 철저히 하여 복어회, 복어껍질초회, 복어죽을 만드시오.

4) 죽은 밥을 씻어 사용하고, 살은 가늘게 채 썰거나 뼈에 붙은 살을 발라내어 사용하고, 당근·표고버섯은 다지고, 뼈와 다시마로 다시를 만들고, 달걀은 완성 전에 넣어 섞어주고, 실파와 채 썬 김을 얹어 완성하시오.

복어 죽 끓이기

1
밥을 씻어 체에 받쳐둔다.

2
육수를 붓고 밥을 넣어 끓인다.

3
생표고버섯과 당근은 다진다.

4
복어 살은 다지거나 곱게 채 썬다.

5
달걀을 풀어 체에 내린다. 흰자를 덜어내고 노른자 위주로 사용한다.

6
죽이 끓으면 당근, 표고버섯, 복어살을 넣고 끓이면서 적당한 농도를 낸다.

7
소금으로 간한다. 죽이 거의 완성되면 달걀을 넣는다.

8
죽농도를 확인한다.

9
김은 한 번 구워 곱게 채 썬다.
죽을 담고 송송 썬 실파와 김 채를 고명으로 올린다.

육수내기

1
손질한 머리와 몸통의 뼈는
여러 번 씻어 핏물을
제거하여 찬물에 담가둔다.

2
깨끗이 씻어 놓은 뼈와
다시마를 넣고 끓여 맑은
육수를 만든다. 육수가 끓으면
다시마는 건진다.

3
육수를 면포로
걸러 죽 끓일 때 사용한다.

절취용 부록입니다

중식 조리기능사 실기

01 오징어냉채

시험시간 20분

1. **냄비에 물 끓이기** : 겨자발효와 오징어를 데친다.
2. **겨자 발효** : 겨자가루에 물을 넣어 갠 다음 냄비뚜껑 위에 엎어 발효하는데 5분을 넘기지 않는다.
3. **오이 손질** : 오이는 길이로 반을 잘라 3㎝로 얇게 반달썰기 한다.
4. **갑오징어 손질** : 중앙의 뼈를 제거하고 껍질을 벗긴 후, 껍질 반대쪽에 칼집을 내어 가로로 4㎝ 썬다.
5. **갑오징어 데치기** : 끓는 물에 소금을 약간 넣고, 오징어를 살짝 데쳐 찬물에 헹궈 질겨지지 않도록 한다.
6. **겨자소스 만들기** : 발효시킨 겨자에 설탕 1T, 식초 1T, 소금 1/5t, 참기름 소량 넣어 섞는다.
7. **완성하기** : 제출그릇에 오이와 오징어를 단정하게 섞어 담고 제출하기 직전 겨자소스를 끼얹는다.

---

03 부추잡채

시험시간 20분

1. **부추 썰기** : 부추는 6㎝로 썰고, 흰 줄기 부분은 단단하니 구분하여 둔다.
2. **돼지고기 썰기** : 돼지고기는 결대로 6㎝ 채 썬다.
3. **돼지고기 밑간** : 소금과 청주를 약간 넣은 후 흰자와 녹말가루를 1t 넣어 준비한다.
4. **돼지고기 "화"하기** : 팬에 기름을 넉넉히 두르고 고기를 데친다. 기름량이 적으면 고기가 탄다.
5. **볶아 완성하기** : 팬에 "화"한 고기를 넣고 청주 1t를 넣은 후 부추를 빠르게 볶고 소금, 참기름 1t로 완성한다.

---

05 빠스고구마

시험시간 25분

1. **고구마 껍질 벗기기** : 고구마를 도마 위에 지지하고 돌려가며 중식도로 껍질을 깎는다.
2. **고구마 썰기** : 4㎝ 정도의 다각형으로 썰어 찬물에 담가 전분을 빼준다.
3. **기름 데우기** : 기름을 불에 올리고 고구마 수분을 행주로 닦아 제거한다.
4. **고구마 튀기기** : 온도가 오르면 수분을 제거한 고구마를 넣고 노릇하게 튀겨낸다.
5. **빠스 완성** : 팬에 설탕 3T를 펼쳐 녹이고 갈색이 되면 튀긴 고구마를 넣고 물1T를 넣은 후 빠르게 섞어준다.
6. **빠스 담기** : 그릇에 기름을 바르고 고구마 빠스를 담아낸다.

해파리냉채

시험시간 20분

1. **냄비에 해파리 데칠 물 올리기** : 물은 끓이지만, 해파리를 데칠 때는 찬물을 약간 섞어야 한다.
2. **해파리 손질** : 해파리를 소금으로 문질러 씻는다.
3. **해파리 데치기** : 물 온도 60~70℃ 정도에서 해파리 겉만 살짝 익을 정도로 데쳐낸다. 너무 데치면 질겨진다.
4. **해파리 식초처리** : 데친 해파리는 식촛물에 5분 정도 담가 부드럽게 한 후, 체에 건져 수분을 제거한다.
5. **오이 썰기** : 오이를 소금으로 비벼 씻어 길이 6㎝로 얇게 채 썬다.
6. **마늘 소스 만들기** : 마늘은 곱게 다져 설탕 1T, 식초 1T, 소금 1/5t, 참기름 1t 넣어 소스를 만든다.
7. **버무리기** : 해파리와 오이를 섞어 마늘소스에 버무린다. 마늘 건더기는 조금 남겨 고명으로 사용한다.

- 2 -

빠스옥수수

시험시간 25분

1. **옥수수 전처리** : 옥수수는 가볍게 씻어 체에 받쳐 수분을 빼준다.
2. **튀김 기름 예열하기** : 기름을 데울 때는 처음부터 센 불로 달구지 않는다.
3. **땅콩 전처리** : 땅콩의 껍질을 벗겨 다져 놓는다.
4. **옥수수 다지기** : 옥수수도 다진다.
5. **옥수수 반죽** : 다진옥수수, 밀가루 3~4T, 달걀노른자, 땅콩을 섞어 되직하게 반죽한다. 소금 넣으면 안됨
6. **튀기기** : 옥수수 반죽을 한 손에 쥐고 계량스푼 작은 티로 떼어 동그랗게 만들어 노릇하게 튀긴다.
7. **빠스 완성** : 팬에 설탕 3T를 펼쳐 녹이고, 갈색이 되면 튀긴 옥수수를 넣고 물 1T를 넣은 후 빠르게 섞어준다.
8. **빠스 담기** : 그릇에 기름을 바르고, 옥수수 빠스를 담아낸다.

- 6 -

고추잡채

시험시간 25분

1. **물 끓이기** : 죽순, 표고버섯 데칠 물을 끓인다.
2. **데치기** : 죽순, 표고버섯은 데쳐서 찬물에 헹궈 채 썰어 준비한다.
3. **피망 손질** : 피망은 씨를 제거하고 5㎝로 채 썬다.
4. **돼지고기 썰기** : 돼지고기는 결대로 6㎝ 채 썬다.
5. **돼지고기 밑간** : 소금과 청주를 약간 넣은 후 흰자와 녹말가루를 1t 넣어 준비한다.
6. **돼지고기 "화"하기** : 팬에 기름을 넉넉히 두르고 고기를 데친다.
7. **볶는 순서** : 달군 팬에 기름을 두르고 양파 먼저 볶다가 표고버섯, 죽순을 볶아 화한 고기를 넣는다.
8. **볶아 완성** : 고기가 타지 않도록 청주 1t와 소금을 넣고 피망을 넣어 살짝 볶아 참기름을 두르고 완성한다.

- 4 -

07 채소볶음

* 시험시간 25분

1. **물 끓이기**: 표고버섯, 죽순, 양송이, 당근, 청경채를 데칠 물을 끓인다.
2. **채소 썰기**: 청경채, 당근, 피망, 셀러리, 표고버섯, 죽순 등을 4㎝×1.5㎝로 편을 썰고, 양송이는 길이 상관없이 편 썬다.
3. **채소 데치는 순서**: 청경채 → 당근 → 죽순 순으로 데치고 죽순, 양송이, 표고버섯 등은 데쳐내서 썰어도 된다.
4. **향채 썰기**: 마늘, 대파, 생강 등은 채소보다 작게 편 썬다.
5. **물녹말 만들기**: 녹말가루 1T : 물 1T 이다
6. **볶는 순서**: 팬에 기름을 두르고 마늘, 대파, 생강을 먼저 넣어 볶다가 청주와 간장을 넣어 향을 낸다.
7. **볶음 완성**: 양송이, 표고버섯, 죽순 → 당근, 셀러리, 피망 → 물80g → 물녹말 → 청경채 → 소금, 흰후추, 참기름 → 완성

09 새우케찹볶음

* 시험시간 25분

1. **물 끓이기**: 물이 끓으면 완두콩을 데친다.
2. **향채 썰기**: 대파, 생강은 1㎝보다 작게 편 썬다.
3. **채소 썰기**: 당근, 양파는 1㎝×0.2㎝ 얇게 편 썬다.
4. **기름 예열**: 새우 튀김 할 기름을 예열시킨다.
5. **새우 내장 제거**: 새우 등에 요지를 사용하여 내장을 제거한다. 중식도로 새우 등을 가볍게 긁어도 된다.
6. **새우 밑간**: 손질된 새우에 소금약간, 청주 1t 넣어 밑간한 후 흰자 1T, 녹말가루 4T 넣어 튀김옷을 만든다.
7. **새우 튀김**: 온도가 적당한 지 체크하고 두 번 튀겨낸다.
8. **물녹말 만들기**: 녹말가루1T : 물 1T로 한다.
9. **볶는 순서**: 팬에 기름을 두르고 대파, 생강을 먼저 넣어 볶다가 청주와 간장을 넣어 향을 낸다.
10. **볶음 완성**: 향채 볶은 팬에 양파, 당근, 완두콩 → 케찹 50g → 물 100㎖ → 설탕 1T, 간장 1T → 물녹말1.5T → 튀긴새우 → 완성

11 경장육사

* 시험시간 30분

1. **물 끓이기**: 죽순의 석회질을 제거하여 데쳐낸다. 소금이 지급되지 않아 데칠 때 소금은 넣지 않는다.
2. **대파 채 썰기**: 대파는 반으로 잘라 옆으로 5㎝ 어슷썰기하여 찬물에 담가 놓는다.
3. **죽순 채 썰기**: 데친 죽순을 채 썬다.
4. **돼지고기 채 썰기**: 돼지고기는 5㎝로 채 썰어 간장 1t, 청주 1t로 밑간한 후 흰자 1t, 녹말가루 1t로 버무린다.
5. **돼지고기 "화"하기**: 팬에 기름을 넉넉히 두르고 고기를 데친다.
6. **물녹말 만들기**: 녹말가루 1.5T : 물 1.5T로 한다.
7. **춘장 볶기**: 팬에 기름 5T를 넣고 춘장 50g을 중약불로 타지 않도록 볶아 준비한다.
8. **볶는 순서**: 춘장을 볶아낸 기름을 팬에 두르고 마늘, 생강, 대파를 볶고 간장 1t, 청주1t를 넣어 향을 낸다.
9. **볶음 완성**: 향채 볶은 팬에 죽순→"화"한 고기, 춘장 → 굴소스 1T → 물 3T → 물녹말 1T→참기름을 넣어 완성한다.
10. **경장육사 담기**: 볶은 경장육사를 접시에 펼쳐 식히는 동안 파채의 물기를 빼고 모두 담는다.

13 울면

* 시험시간 30분

1. **물 끓이기**: 물이 끓으면 새우, 오징어를 가볍게 10초 정도 데쳐낸 후 면을 넣고, 3분 삶아 찬물에 헹궈 준비한다.
2. **목이버섯 불리기**: 목이버섯은 물에 담가 불려 손으로 뜯어 준비한다.
3. **채소 썰기**: 당근, 배춧잎, 양파, 부추는 6㎝로 채 썬다.
4. **향채 썰기**: 마늘, 대파는 채 썬다.
5. **해산물 손질**: 오징어는 가늘게 채 썰고, 새우는 내장을 제거하여 바로 사용해도 되지만 데치면 좋다.
6. **달걀 풀기**: 달걀은 풀어 체에 내려 준비한다.
7. **면 데우기**: 뜨거운 물에 삶아둔 면을 데워 준비한다.
8. **물녹말 만들기**: 녹말가루 2T : 물 2T로 한다.
9. **소스 조리**: 물 3컵을 끓이면서 마늘, 간장 1t, 소금 1t, 청주1T → 양파, 배추, 목이버섯, 당근 순으로 한다.
10. **소스 완성**: 끓이면서 계속 거품제거 후 오징어, 새우살 → 거품 제거→ 물녹말 3T → 부추 → 달걀 → 참기름을 넣어 완성한다.
11. **담아내기**: 데워 놓은 면 위에 소스를 부어 제출한다.

10 마파두부

시험시간 25분

1. **물 끓이기** : 두부 데칠 물을 끓일 때 소금이 지급되지 않아서 데칠 때 소금을 사용하지 않는다.
2. **향채 다지기** : 마늘, 생강, 대파를 곱게 다진다.
3. **홍고추 썰기** : 홍고추는 다지지 말고 작게 0.5㎝ 편 썬다.
4. **두부 썰기** : 두부는 데치면 커지므로 1.5㎝가 안 되도록 썬다.
5. **두부 데치기** : 끓는 물에 두부를 데쳐 접시에 펼쳐 모양이 찌그러지지 않도록 한다.
6. **고추기름 내기** : 식용유 4큰술을 끓이고 고춧가루 1큰술을 넣어 고추기름을 만들어 면포에 내린다.
7. **물녹말 만들기** : 녹말가루1T : 물1T로 한다.
8. **볶는 순서** : 팬에 고추기름을 넣고 대파, 생강, 마늘을 먼저 넣어 볶다가 청주 1t, 간장 1t 넣어 향을 낸다.
9. **볶음 완성** : 향채 볶은 팬에 홍고추 → 돼지고기 → 두반장 10g → 물 200ml → 설탕 1t, 간장 2t → 물녹말→ 두부 → 참기름을 넣어 완성한다.

08 난자완스

시험시간 25분

1. **물 끓이기** : 표고버섯, 죽순 데칠 물을 끓인다.
2. **향채 썰기** : 마늘, 대파, 생강은 편 썰고, 남은 생강은 약간 다져서 돼지고기 양념에 넣어도 좋다.
3. **채소 썰기** : 청경채, 표고버섯, 죽순은 4㎝로 편 썬다. 넓이는 제시되지 않았으니, 적당히 2㎝ 정도 썬다.
4. **돼지고기 양념** : 다진 돼지고기에 소금, 간장, 후추, 참기름으로 밑간하고 달걀 3T, 녹말가루 2T를 넣어 섞는다.
5. **완자 지지기** : 기름 두른 팬을 약불로 놓고, 한 손은 고기 반죽을 쥐어 위로 올리고, 숟가락으로 떼어 만든다.
6. **완자 튀기기** : 완자는 지름 4㎝로 납작하게 눌러 모양을 잡고, 기름을 추가해 튀기듯 갈색으로 지진다.
7. **물녹말 만들기** : 녹말가루 1.5T : 물 1.5로 한다.
8. **조림 순서** : 팬에 기름을 두르고 마늘, 대파, 생강을 먼저 넣어 볶다가 청주와 간장을 넣어 향을 낸다.
9. **조림 완성** : 향채 볶은 팬에 표고, 죽순 → 물 150ml → 물녹말 1T → 소금, 후추 → 튀긴 완자, 청경채에 참기름 넣어 완성한다.

14 새우볶음밥

시험시간 30분

1. **물 끓이기** : 새우 데칠 물을 끓인다.
2. **새우 데치기** : 새우는 내장을 제거하고 끓는 물에 데쳐 준비한다.
3. **밥하기** : 쌀을 씻어 쌀과 물을 동량으로 하여 강불 1분 → 약불 7분 → 뜸 3분 → 밥 식히기를 한다.
4. **채소 썰기** : 당근, 피망은 0.5㎝로 네모 편 썬다.
5. **향채 썰기** : 대파는 다진다.
6. **달걀 풀기** : 달걀은 소금을 약간 넣어 풀어서 체체에 내려 준비한다.
7. **달걀 스크램블** : 달군 팬에 기름 2T를 두르고 달걀을 넣어 바쁘게 저어 스크램블을 하여 준비한다.
8. **볶음 순서** : 팬에 기름을 넣고 대파를 볶고 → 당근 → 밥 → 소금, 흰후추 → 새우, 달걀, 피망 볶아 완성한다. 참기름은 지급되지 않아 사용하지 않는다.
9. **담아내기** : 밥공기에 볶은 밥을 꾹꾹 눌러 담은 후 접시에 거꾸로 뒤집어 담아낸다.

12 유니짜장면

시험시간 30분

1. **물 끓이기** : 냄비에 면 삶을 물을 끓인다.
2. **향채 다지기** : 생강은 곱게 다진다,
3. **채소 썰기** : 오이는 채 썰고, 양파, 호박은 0.5㎝로 썬다.
4. **면 삶기** : 끓는 물에 소금 약간을 넣고 면을 넣어 3분 삶아 헹군다.
5. **물녹말 만들기** : 녹말가루 1.5T : 물 1.5T로 한다.
6. **춘장 볶기** : 팬에 기름 5T를 넣고 춘장 50g을 중약불로 타지 않도록 볶아 준비한다.
7. **면 데우기** : 삶아 놓은 면을 따뜻하게 데워 준비한다.
8. **볶는 순서** : 춘장 볶을 때 사용한 기름을 팬에 두르고 생강을 볶고 간장 1t, 청주 1t를 넣어 향을 낸다.
9. **소스 완성** : 향채 볶은 팬에 양파,호박 → 춘장 → 물 200ml → 설탕 1T, 간장 1T → 물녹말 1.5T → 참기름을 넣어 완성한다.

15 탕수육

* 시험시간 30분

1. **물 끓이기** : 물이 끓으면 완두콩을 데쳐낸다. 소금이 지급되지 않아 데칠 때 소금을 넣지 않는다.
2. **앙금녹말 만들기** : 6T에 물 6T를 넣고 젓지 않는다. 반드시 앙금녹말을 만들어 사용한다
3. **목이버섯 불리기** : 목이버섯을 물에 담가 불려서 손으로 찢어 준비한다.
4. **채소 썰기** : 당근, 오이, 양파는 4㎝×1.5㎝ 편을 썬다.
5. **향채 썰기** : 대파는 채소보다 작게 3㎝×1㎝로 썰어 준비한다.
6. **기름 예열** : 기름을 미리 예열한다. 돼지고기 썰기 : 고기는 4㎝×1㎝ 썰어 간장 1t, 청주 1t로 밑간한 후 흰자 1T, 앙금녹말 6T로 튀김옷을 만든다.
7. **튀김 하기** : 온도가 적당한 지 확인하고 고기를 넣어 두 번 바삭하게 튀겨 낸다.
8. **물녹말 만들기**: 녹말가루2T : 물 2T로 한다.
9. **소스 조리 순서** : 기름 두른 팬에 대파를 볶아 간장 1t, 청주 1t → 양파, 당근, 목이버섯, 완두콩 넣고 볶는다.
10. **소스 완성** : 볶고 있는 팬에 물200ml→ 간장 1T, 설탕 3T, 식초 3T → 물전분 1.5T→튀긴고기, 오이넣고 완성한다.

17 라조기

* 시험시간 30분

1. **물 끓이기** : 물이 끓으면 죽순, 표고버섯, 양송이, 청경채를 데쳐낸다.
2. **앙금녹말 만들기** : 6T에 물 6T를 넣고 젓지 않는다.
3. **채소 썰기** : 청경채, 청피망, 양송이, 죽순, 표고버섯은 5㎝×2㎝로 편 썰고, 건고추는 5㎝이내로 어슷 썬다.
4. **향채 썰기** : 대파는 채소보다 작게 4㎝×1㎝로 썰고, 마늘, 생강은 편 썬다.
5. **기름 예열** : 기름을 미리 예열한다.
6. **닭고기 손질** : 고기는 5㎝×1㎝로 썰어 간장 1t, 청주 1t, 소금, 후추로 밑간 후 흰자 1T, 앙금녹말을 넣는다.
7. **튀김 하기** : 온도가 적당한 지 확인하고 고기를 넣어 두 번 바삭하게 튀겨낸다.
8. **물녹말 만들기** : 녹말가루2T : 물 2T로 한다
9. **소스 조리 순서** : 고추기름을 팬에 두르고 대파, 마늘, 생강을 볶고→간장1t,청주1t→건고추도 볶는다.
10. **소스 완성** : 양송이, 죽순, 표고버섯 → 물200ml → 소금, 후추 → 물전분 1T → 청경채, 피망→간장 1T, 튀긴고기 → 완성한다.

- 15 -

- 17 -

19 홍쇼두부

* 시험시간 30분

1. **물 끓이기** : 물이 끓으면 죽순, 양송이, 표고를 데쳐 찬물에 헹궈 사용한다. 소금은 사용하지 않는다.
2. **채소 썰기** : 청경채, 죽순, 양송이, 표고, 홍고추는 5㎝×1.5㎝로 편 썬다.
3. **향채 썰기** : 마늘, 생강, 대파는 채소보다 작게 4㎝×1㎝로 편 썬다. 두부 손질 : 두부는 사방 5㎝를 세모로 2등분한 다음 키친타올 위에 올려 수분을 뺀다.
4. **돼지고기 썰기** : 고기는 5㎝×2㎝로 얇게 편 썰고, 간장 1t, 청주 1t로 밑간하고 흰자 1t, 녹말가루 1t를 넣는다.
5. **지지기** : 팬에 기름을 넉넉히 두르고 두부를 노릇하게 튀기듯 지진 후 돼지고기를 "화"시킨다.
6. **물녹말 만들기** : 녹말가루2T : 물 2T로 한다.
7. **조림 순서** : 팬에 기름을 두르고→마늘, 생강, 대파 → 간장 1t, 청주 1t → 표고버섯, 양송이, 죽순, 홍고추 → 물180ml.
8. **조림 완성** : 튀긴두부, "화" 한고기, 청경채 → 물녹말 → 참기름 → 완성한다.

일식 조리기능사 실기

01 참치김초밥

* 시험시간 20분

1. **물 끓이기** :생강 데칠물을 끓인다.
2. **깻잎** : 찬물에 담근다
3. **참치** : 소금물에 담가 잠시 해동한 후 물에 헹궈 행주에 싸둔다 → 2개 스틱으로 준비해둔다.
4. **생강 손질** : 생강 껍질을 까서 아주 얇게 편 썰어 물이 끓으면 살짝 데쳐 수분을 제거한다.
5. **단촛물 끓이기** : 식초 3T, 설탕 2T, 소금 1/2t을 끓이는데 오래 끓이는 게 아니라 설탕이 녹으면 불을 끈다.
6. **초밥** : 밥에 단촛물 1T 넣어 밥알이 깨지지않도록 나무주걱을 사용한다.
7. **초생강** : 단촛물을 남겨 생강을 절인다.
8. **와사비 개기** : 와사비에 물을 넣을 때는 조금씩 넣어 너무 묽지 않게 한다.
9. **김 굽기** : 김은 위생봉투에 넣어 두었다가 불을 약하게 하여 타지 않도록 구어서 두 장으로 나눈다.
10. **초밥 말기** : 김발 → 김 위에 → 밥 → 와사비 위에 → 참치 → 손으로 참치를 누르면서 말아서 → 두 개 완성한다
11. **담기** : 두 줄 또는 네 줄로 나란히 썰어 12개 만들어 담고, 간장을 꼭 함께 제출한다.

- 19 -

- 21 -

18 깐풍기

시험시간 30분

1. **채소 썰기** : 청피망, 홍고추를 0.5㎝로 썰고 다지지 않아야 한다.
2. **향채 썰기** : 마늘, 생강, 대파는 다진다.
3. **기름 예열** : 기름을 미리 예열한다.
4. **닭 손질** : 닭 손질이 능숙해야하고 고기는 사방 3㎝ 썰어 청주 1t, 소금, 후추 밑간 후 흰자 1T, 녹말을 넣는다.
5. **튀김** : 온도가 적당한 지 확인하고 고기를 넣어 두 번 바삭하게 튀긴다.
6. **물녹말 만들기** : 녹말가루1T : 물 1T로 한다.
7. **소스 조리 순서** : 팬에 기름을 두르고 마늘, 생강, 대파 → 간장 1t, 청주 1t → 홍고추 → 물50㎖ 의 순서로 한다.
8. **소스 완성** : 간장 1T, 설탕 1T, 식초 1T → 튀긴 닭, 청피망 → 참기름을 넣어 완성한다.

- 18 -

16 탕수생선살

시험시간 30분

1. **물 끓이기** : 물이 끓으면 완두콩을 데쳐낸다.
2. **앙금녹말 만들기** : 6T에 물 6T를 넣고 젓지 않는다.
3. **목이버섯 불리기** : 목이버섯을 물에 담가 불려서 손으로 찢어 준비한다.
4. **채소 썰기** : 당근, 오이는 4㎝×1.5㎝로 편 썬다.
5. **파인애플 썰기** : 원형의 파인애플은 한 입크기로 썰어 준비한다.
6. **기름 예열** : 기름을 미리 예열한다.
7. **생선살 손질** : 생선살은 4㎝×1㎝로 썰어 간장 1t로 밑간한 후 흰자 1T, 앙금녹말을 넣어 튀김옷을 만든다. 소금과 청주가 지급되지 않아 사용하지 않는다
8. **튀김 하기** : 온도가 적당한 지 확인하고 고기를 넣어 두 번 바삭하게 튀겨 낸다.
9. **물녹말 만들기** : 녹말가루 2T : 물 2T로 한다.
10. **소스 조리순서** : 기름 두른 팬에 당근을 볶아 목이버섯, 완두콩을 넣고 물200㎖, 파인애플을 넣는다.
11. **소스 완성** : 볶고 있는 팬에 간장 1T, 설탕 3T, 식초 3T→물전분 1.5T→오이 넣고 살짝 버무려 완성한다.

- 16 -

02 된장국

시험시간 20분

1. **가스오 육수** : 다시마를 찬물부터 1~2분정도 끓여 건지고, 다시마 육수에 가스오를 넣어 끓이지 않고 우린다. 면포로 거른다
2. **물 끓이기** : 미역 데칠 물이다.
3. **미역 손질** : 미역은 물에 불려 씻어서, 끓는 물에 살짝 데쳐 찬물에 헹군 후 사방 1㎝정도 썬다.
4. **두부 손질** : 두부는 정사각 1㎝로 썰어 끓는 물에 데쳐 모양이 찌그러지지 않도록 접시에 잠시 펼쳐놓는다.
5. **실파 손질** : 실파는 송송 썰어 완성 그릇에 바로 담거나 한 번 씻어 매운맛을 제거하고 사용해도 좋다.
6. **된장국 조리순서** : 가스오 육수에 미소된장 1T를 채로 내린 다음 청주 1T를 넣고 끓여서 불을 끈다.
7. **된장국 완성** : 두부, 미역, 실파를 완성 그릇에 담아 끓인 미소된장 국물을 부어 완성한다.

- 22 -

20 양장피잡채

시험시간 35분

1. **냄비에 물 끓이기** : 겨자를 발효하고 새우, 오징어, 해삼을 데치고 양장피를 삶는다.
2. **겨자발효** : 겨자가루에 물을 넣어 갠 다음 냄비 뚜껑 위에 엎어 4분 정도 발효한다.
3. **양장피 전처리** : 양장피는 물에 불려 삶아 찬물에 살짝 헹궈 설탕 1T, 식초 1T, 소금, 참기름으로 유장처리 한다.
4. **채소 썰기** : 당근, 오이는 채 썰어 바로 제출 그릇에 담는다. 당근이 단단해 살짝 데쳐도 좋다.
5. **볶을 재료 썰기** : 양파, 부추, 돼지고기 등은 5㎝로 썰고 목이버섯은 손으로 뜯어 준비한다.
6. **해산물 손질** : 새우는 내장을 제거하고, 오징어는 껍질 벗겨 반대쪽에 칼집을 내고, 해삼은 소금으로 씻어 데친다.
7. **지단** : 달걀을 황, 백으로 나눠 지지고 5㎝×0.2㎝로 썬다. 재료들의 길이는 5㎝로 한다.
8. **겨자소스 만들기** : 발효된 겨자는 설탕1T, 식초 1T, 소금약간, 참기름약간을 넣어 만든다.
9. **볶음 순서** : 팬에 돼지고기를 볶다가 → 양파, 목이버섯 → 부추 → 소금, 참기름 → 재빠르게 볶아 식힌다.
10. **완성** : 채소, 해산물, 지단 등은 손질이 끝나면 바로 제출그릇에 담아야 시간을 절약한다.

- 20 -

03 문어 초회
시험시간 20분

1. **가쓰오 육수** : 다시마를 찬물부터 1~2분정도 끓여 건지고, 다시마 육수에 가쓰오는 끓이지 않고 우린다.
2. **물 끓이기** : 미역 데칠 물이다.
3. **미역 손질** : 미역은 불려 씻어서, 끓는 물에 데쳐 찬물에 헹군 후 줄기부분을 제거하고 말아 4cm로 썬다.
4. **초간장 끓이기** : 육수 3T, 식초 1T, 설탕 2t, 간장 2t, 넣어 양념초간장도사스을 끓여 식힌다.
5. **문어 손질** : 식초 1T, 간장 1t, 소금 1t 넣은 물에 5분 정도 삶는데 많이 삶으면 질겨진다.
6. **문어 썰기** : 문어는 껍질을 가볍게 벗겨 빨판쪽으로 길게 5cm 물결무늬로 썰어야한다.
7. **완성** : 그릇에 오이자바라, 미역, 레몬을 담고, 앞쪽으로 문어를 담아 제출직전 끓인 초간장을 부어 완성한다.

05 갑오징어 명란무침
시험시간 20분

1. **깻잎, 무순** : 찬물에 담가 두었다가 마른행주로 수분을 제거하고 사용한다.
2. **물 끓이기** : 갑오징어 데칠 물을 끓이는데 뜨거운 물에 찬물을 섞어 60℃ 정도의 온도로 만들어 사용한다.
3. **갑오징어 손질** : 등면에 납작한 뼈를 제거한 후 껍질과 다리를 제거한다. 내장 쪽 얇은 막도 제거하면 좋다.
4. **갑오징어 채** : 최대한 얇게 포 떠서 5cm×0.3cm 채 썬 후 따뜻한 물에 청주 2T를 넣고 겉만 익도록 데친다.
5. **명란 손질** : 명란 알은 칼 등으로 알만 긁어 낸다.
6. **무치기** : 제친 갑오징어, 명란알, 소금약간 넣어 젓가락으로 저어 고루 섞는다.
7. **완성하기** : 완성그릇에 깻잎을 깔고, 갑오징어 명란알 무침을 단정하게 담아 무순을 올려 완성한다.

07 대합 맑은국
시험시간 20분

1. **대합 전처리** : 조개는 두둘겨 맑은 소리가 나는지 확인하고, 소금물에 담가 해감하였다가 씻어 준비한다.
2. **끓이기** : 다시마는 조개와 함께 끓이고 끓어오르면 다시마를 먼저 건져내고 조개가 입을 열면 불을 끈다.
3. **육수 내리기** : 대합을 건져 내고 육수를 면포로 내려 맑게 준비한다.
4. **조개 손질** : 대합의 한 쪽 껍질을 제거한다. 대합 살이 붙어 있는 껍질에서 대합을 분리하여 다시 위에 앉힌다.
5. **육수 끓이기** : 조개 육수에 소금, 국간장을 넣고 청주 1t를 넣어 끓인다. 끓으면 거품을 걷어내고 완성 그릇에 80% 붓는다.

09 전복 버터구이
시험시간 25분

1. **물 끓이기** : 전복 내장을 데쳐낸다.
2. **전복 손질** : 전복의 검은 부분을 깨끗이 씻어 껍질에서 살을 분리하고, 내장도 분리하여 데친다.
3. **채소 썰기** : 양파, 피망은 전복이 줄어들 것을 감안하여 약간 작게 썬다.
4. **완성 그릇 준비** : 깻잎의 수분을 닦아 그릇에 깔고 완성그릇을 미리 준비해 놓는다.
5. **은행볶기** : 달군 팬에 식용유를 두르고 은행을 먼저 볶아 뜨거울 때 껍질을 벗긴다.
6. **볶음 순서** : 팬에 기름을 두르고 전복을 살짝 볶다가 양파→피망→은행, 내장, 버터, 소금, 후추→청주 1T→완성한다.

06 소고기 간장구이
시험시간 20분

1. **다시마 육수** : 다시마 육수를 끓일 때는 센불로 오래 끓이지 않는다.
2. **생강 손질** : 통생강의 껍질을 벗기고 최대한 가늘게 채 썰어 찬물에 담갔다가 사용한다.
3. **다래 소스** : 먼저 알코올을 날려주고 다시마 육수와 간장 3T, 맛술 3T, 설탕 2T으로 조린다.
4. **소고기 손질** : 소고기 사이즈를 규격에 맞게 성형하여 연육하고 소금,후추로 밑간한다.
5. **구이 조리 순서** : 팬을 달군 후 소고기를 구어야 육즙을 가두고, 부드럽게 조리된다.
6. **완성** : 진득하게 조린 다래소스를 소고기 위에 끼얹어 윤기나게 담아낸다. 산초가루 뿌리는 걸 잊지 않는다.

04 해삼초회
시험시간 20분

1. **가쓰오 육수** : 다시마를 찬물부터 1~2분정도 끓여 건지고, 다시마 육수에 가쓰오는 끓이지 않고 우린다.
2. **물 끓이기** : 미역 데칠 물이다.
3. **미역 손질** : 미역은 불려 씻어서, 끓는 물에 데쳐 찬물에 헹군 후 줄기부분을 제거하고 말아 4㎝로 썬다.
4. **야쿠미** : 무는 강판에 갈아 씻어 고춧물을 들이고, 실파는 송송 썬다. 레몬은 0.5㎝로 썰어 모두 담는다.
5. **폰즈** : 육수 1T, 간장 1T, 식초 1T로 한다.
6. **해삼 손질** : 해삼은 양 끝을 잘라 항문과 입을 제거한 후 배를 갈라 힘줄 등을 제거한다. 소금으로 씻어 썬다.
7. **완성** : 그릇에 오이자바라, 미역을 담고, 앞쪽으로 해삼을 담아 제출직전 폰즈를 끼얹어 야쿠미와 함께 낸다.

10 달걀말이
시험시간 25분

1. **육수 끓이기** : 다시마를 젖은면 포로 닦아 1~2분정도 끓여서 다시마는 거져내고 가쓰오를 넣어 우린다.
2. **깻잎** : 깻잎은 찬물에 담갔다가 물기를 닦아 완성그릇에 담아 준비해 둔다.
3. **달걀 풀기** : 식힌 1번 다시 5T, 맛술 1T, 설탕 1/2t, 소금 1/2t, 달걀 6개를 풀어 체에 내린다.
4. **팬 코팅** : 사각팬에 기름을 넉넉히 두르고 팬을 코팅한 후 기름종이에 따라낸다.
5. **달걀말이** : 팬에 달걀물을 반컵씩 부어가며 달걀말이를 한다. 뜨거울 때 김발로 말아 사각 모양을 잡는다.
6. **간장 무즙** : 강판에 무를 갈아 물에 씻어서 물기를 꼭 짠 후 간장 물들인다.

08 김초밥
시험시간 25분

1. **물 끓이기** : 생강, 박고지 데칠 물이다.
2. **단촛물 끓이기** : 설탕 2T, 식초 3T, 소금 1/2t를 넣어 설탕이 녹을 때까지 끓인다.
3. **초밥, 초생강** : 밥에 단촛물 1T를 넣어 나무주걱으로 섞어주고, 남은 단촛물은 생강에 부어 초생강을 만든다.
4. **박고지** : 생강을 데쳐내고 박고지도 데쳐서 물 100㎖, 간장 1T, 맛술 1t, 설탕 1t를 넣어 조린다.
5. **오이** : 오이를 사방 1㎝로 일정하게 썰어 껍질 반대쪽에 소금을 뿌려 절인다.
6. **달걀말이** : 달걀은 2개가 지급되니 노른자 2개로 달걀말이를 해서 사방 1㎝썰어 사용한다.
7. **완성그릇 준비** : 깻잎의 수분을 닦아 그릇에 깔고 절인 생강을 올려 완성그릇을 미리 준비해 놓는다.
8. **김초밥 말기** : 김은 구어서 사용한다. 밥은 높이를 일정하게 펼쳐 재료가 밥의 중앙에 오도록 말아낸다.
9. **김초밥 완성** : 칼을 젖은 행주로 닦아 단정하게 썰고 일정한 간격으로 8개를 썰어 간장과 함께 제출한다.

11 도미머리
맑은 국
시험시간 30분

1. **물 끓이기** : 죽을 데쳐내고 도미머리를 데쳐낸다.
2. **대파 썰기** : 대파를 반으로 갈라 심지는 버리고 최대한 가늘게 썰어 찬물에 담갔다 사용한다.
3. **도미손질** : 도미는 몸통은 사용하지 않는다. 도미술찜과 함께 나오면 도미는 1마리만 지급될 수 있다.
4. **도미 끓이기** : 도미머리는 손질이 끝나면 다시마와 함께 끓인다. 중약불로 은근히 끓인다. 눈이 하얗게 익으면 완성 그릇에 담는다.
5. **육수** : 도미머리를 건져내고 육수는 젖은 면포로 맑게 걸러내고 국간장으로 옅은 보리차 색을 낸다.
6. **육수 끓이기** : 육수에 청주 1t를 넣고 끓여 완성 그릇에 80%정도 붓는다.

13 소고기 덮밥
시험시간 30분

1. **육수 끓이기** : 다시마를 찬물부터 1~2분정도 끓여 건지고, 다시마 육수에 가쓰오는 끓이지 않고 우린다
2. **채소 썰기** : 양파, 팽이, 실파는 4㎝ 정도로 단정히 썰이 익히는 순서가 다르니 주의한다.
3. **소고기 썰기** : 결을 꺾어 최대한 가늘게 포 떠야 질기지 않고 빠르게 익는다.
4. **달걀 풀기** : 소금을 약간 넣어 풀어준다. 채에 내리지 않아도 된다.
5. **김 굽기** : 김은 물이 닿지 않도록 보관하고 구어서 바로 썰어야 잘 썰린다. 대바로 썬다.
6. **조리 순서** : 육수 70ml에 간을 하고 소고기 → 양파 → 팽이버섯,실파 → 달걀물 → 밥에 덮어 완성

15 메밀국수
자루소바
시험시간 30분

1. **육수 끓이기** : 다시마를 찬물부터 1~2분정도 끓여 다시마는 건지고 불을 끈다. 가쓰오는 끓이지 않고 우린다.
2. **소바 다시** : 1번 다시 1컵에 간장 3T, 설탕 2T, 청주 1T, 맛술 2t 넣고 설탕이 녹을 때까지 끓인다.
3. **물 끓이기** : 얼음을 두 군데로 나눠서 면을 담글 때 사용하고, 소바다시 식히는데도 사용한다.
4. **야쿠미** : 무즙, 와사비, 실파를 조리방법대로 준비한다.
5. **면 삶기** : 면은 3분을 삶는데 끓어오르면 찬물 1컵을 넣어가며 3번 반복하면 3분이다.
6. **얼음 사용** : 얼음은 두 군데 나눠 얼음물을 만들어 한쪽엔 메밀면을 담고, 다른쪽엔 소바다시를 식힌다.
7. **똬리 틀기** : 면을 두 손가락으로 잡아 돌돌 말아 반대쪽 손으로 정리한 후, 김발 위에 단정히 올린다.
8. **완성** : 김을 구어 가늘게 채 썰어 면 위에 올린 다음 야쿠미, 소바다시와 함께 제출한다.

17 도미술찜
시험시간 30분

1. **다시마 육수** : 다시마를 젖은 면포로 닦아 찬물부터 끓인다. 끓어오르면 불을 끈다.
2. **데치기** : 배추, 쑥갓 줄기, 죽순, 두부를 데친다. 당근은 매화, 무는 은행잎 모양을 만들어 데친다.
3. **도미 손질** : 도미는 머리 2개, 몸통은 3장뜨기 한다. 소금을 많이 뿌려 절인 다음 끓는 물에 데쳐낸다.
4. **술찜소스** : 냄비에 청주 3T를 넣고 끓여 알코올을 날려준 후 육수 4T, 소금 약간 넣어 술찜소스를 만든다.
5. **술찜** : 재료를 담은 그릇에 술찜소스 3T를 넣어 중탕으로 찐다. 10~15분 찐 후 쑥갓을 올려 30초 더 찐다.
6. **야쿠미 폰즈** : 육수1T, 간장1T, 식초 1T로 폰즈를 만든다. 빨간무즙, 실파, 레몬으로 야쿠미를 만든다.
7. **완성** : 술찜을 꺼내고 폰즈, 야쿠미와 함께 낸다.

14 우동볶음
야끼우동
시험시간 30분

1. **물 끓이기** : 새우, 오징어를 데치고 우동을 삶아 모두 찬물에 헹궈 준비한다.
2. **채소 손질** : 당근, 양파, 피망, 생표고는 4cm×1cm로 썬다. 숙주는 거두절미하여 볶을 때 넣는다.
3. **해산물 손질** : 새우는 내장과 머리를 제거하고, 오징어는 껍질을 벗겨 껍질 반대쪽에 칼집을 내어 데친다.
4. **우동 데치기** : 우동은 뭉쳐있는 상태가 풀어지면 건진다.
5. **볶음 순서** : 양파, 당근, 표고는 먼저 볶고, 오징어, 새우, 피망, 숙주는 나중에 볶는다. 재료가 타지 않도록 한다.
6. **완성** : 참기름을 넣을 때는 불을 세게하여 향을 낸다. 하나가쓰오를 모두 올린다.

- 34 -

12 도미조림
시험시간 30분

1. **다시마 육수** : 다시마를 면포로 닦아 찬물부터 끓인다. 끓어오르면 불을 꺼준다.
2. **채소 손질** : 우엉 먼저 손질한다. 꽈리고추와 생강 채는 도미를 조리면서 해도 늦지 않다.
3. **도미 손질** : 머리는 2장, 몸통도 2장, 꼬리 1장으로 조리는 시간이 있으므로 앞에서 빠르게 손질한다.
4. **조림 순서** : 양념장을 만들어 놓고, 청주 3T를 먼저 넣고 알코올을 날려 잡냄새를 날려준 후 조리해도 된다.
5. **생강채** : 생강의 껍질을 제거하고 최대한 가늘고 긴 채를 썰어 물에 담갔다가 사용한다.
6. **꽈리고추** : 꽈리고추가 크면 사선으로 토막 내고, 작은 것이라면 칼끝으로 콕콕 구멍을 내어 사용한다.
7. **완성** : 조림소스 2~3T를 끼얹어 윤기를 주고, 꽈리고추와 우엉을 앞쪽에 놓고 생강 채도 잘 보이도록 놓는다.

- 32 -

18 달걀찜
시험시간 30분

1. **육수 끓이기** : 다시육수는 면포로 걸러 식혀서 사용한다. 달걀에 뜨거운 육수를 바로 붓지 않는다.
2. **물 끓이기** : 은행, 어묵, 표고버섯, 죽순, 닭살, 생선살 등을 사방 1cm로 썰어 데친다. 새우는 통으로 데친다.
3. **달걀 풀기** : 달걀 1개달걀 60g~70g에 육수 2배 120ml, 소금 1/4t, 맛술 1t, 청주 1t를 풀어 체에 내린다.
4. **처음 재료** : 밤은 1cm정도로 잘라 꼬챙이에 끼워 굽는다. 은행은 볶지 않고 삶아 뜨거울 때 껍질을 벗긴다.
5. **중탕 냄비** : 데치는 작업이 끝나면 중탕할 냄비에 물을 끓인다. 그릇이 덜컹거리지 않도록 행주를 깐다.
6. **재료 담기** : 각각의 재료들을 1cm로 자르면 양이 많아 모두를 사용하지 않아도 되나 고루 사용한다.
7. **달걀찜 하기** : 그릇에 재료들을 담고, 달걀물을 부어 거품이 있다면 걷어 내고 찜 솥에 10~12분 약불로 찐다.
8. **나중 재료** : 레몬은 오리발과, 쑥갓잎은 찬물에 잠시 담갔다가 물기를 닦아 준비한다. 새우는 껍질을 벗긴다.
9. **완성하기** : 달걀찜 익은 정도를 확인하고 레몬 오리발, 쑥갓, 새우를 올려 뚜껑을 닫고 잠시 두었다가 꺼낸다.

- 38 -

16 삼치소금구이
시험시간 30분

1. **다시마 육수** : 다시마를 면포로 닦아 물1컵을 붓고 끓으면 불을 끈다. 이 육수로 우엉을 조린다.
2. **채소손질** : 우엉은 껍질을 벗겨 찬물에 담가 갈변처리 한다. 무는 최대한 가늘게 칼집을 넣는다.
3. **삼치 손질** : 삼치는 세장뜨기하여 10cm길이로 잘라 소금에 10분정도 재워 놓아야한다.
4. **우엉조리기** : 우엉을 식용유로 볶다가 다시마 육수 100ml, 간장 2T, 설탕 2T, 맛술 1t를 넣고 윤기나게 조린다.
5. **레몬** : 장식용 웨지 모양을 만들고 일부는 껍질을 얇게 포 떠서 다진 다음 물에 담갔다가 수분을 제거한다.
6. **삼치 굽기** : 소금에 절인 삼치를 씻어 수분을 잘 제거하고 꼬챙이에 끼워 굽는다.
7. **완성** : 구운 삼치는 뜨거울 때 바로 빼지 않고 식힌 후 꼬챙이를 서너 번 돌려 빼야 살이 부서지지 않는다.

- 36 -

19 생선초밥

● 시험시간 40분

1. **단촛물 물 끓이기** : 냄비의 사용은 단촛물 먼저 끓이고 데칠 물을 끓인다.
2. **깻잎과 참치** : 깻잎은 찬물에 담그고, 참치는 소금물에 담근다.
3. **물 끓이기** : 물이 끓으면 생강부터 데쳐내고 새우, 도미, 문어 순으로 데쳐낸다.
4. **생강** : 껍질을 벗기고 최대한 얇게 슬라이스 해서 끓는 물에 투명하게 데쳐 물기를 제거하고 단촛물에 절인다
5. **새우** : 내장과 머리를 제거하고 꼬치로 끼워 등이 휘지 않도록 데쳐내는 것이 중요하다.
6. **도미** : 도미는 3㎝×7㎝로 썰어 껍질에 칼집을 넣어 소금을 뿌린 다음, 껍질에 뜨거운 물을 가볍게 끼얹는다.
7. **문어** : 데치는 순서 맨 마지막에 간장과 식초를 넣어 살짝 익혀내고 물결무늬로 썰어야 한다.
8. **데치지 않는 재료** : 참치, 광어, 꽁치로 광어와 꽁치는 껍질을 벗겨 준비한다.
9. **와사비 개기** : 와사비와 물의 비율은 1 : 1 동량이나 가루에 물을 넣을 때는 물을 조금씩 넣어가며 젓는다.
10. **초밥 쥐기** : 생강촛물을 손에 가볍게 발라 초밥이 손에 들러붙지 않도록 하고 밥 4㎝×2㎝을 쥔다.
11. **완성** : 지급된 여섯 가지 재료를 모두 사용하고 8개 완성한다. 간장을 반드시 곁들인다.

02 복어껍질

초회 무침

● 시험시간 30분

1. 복어를 깨끗이 씻어 껍질, 지느러미, 살을 분리하여 물에 담근다.
2. 복어살은 회로 사용하고 복어껍질은 속껍질과 가시를 제거한다.
3. 복어껍질은 소금으로 문질러 씻은 후 끓는 물에 데친다.
4. 복어살 쪽 얇은 속껍질은 포 떠서 소금으로 문질러 데친다.
5. 데친 껍질과 살 쪽 속껍질은 얼음물에 씻어 행주에 싼다.
6. 준비한 복어껍질과, 살 쪽 속껍질, 미나리는 4㎝로 썬다.
7. 무를 강판에 갈아 고춧가루 무즙을 들인다.
8. 간장, 식초, 육수로 폰즈를 만든다.
9. 폰즈, 미나리, 청주와 준비한 껍질들을 넣고 무친다.

복어 조리기능사 실기

01 복어회
• 시험시간 55분

1) 밑손질한 복어살은 찬물에 소금을 약간 타서 담근다.
2) 복어살을 씻어서 마른 행주에 싸서 물기를 제거한다.
3) 마른행주로 교체하고 4~5℃ 냉장고에 보관한다.
4) 복어회를 썰 때는 행주에 물을 적셔 도마 오른쪽에 접어둔다.
5) 복어살은 머리 쪽부터 꼬리 쪽으로 얇고 길게 자른다.
6) 복어살을 손가락 바닥으로 살짝 눌러서 움직이지 않도록 썬다.
7) 복어회를 담을 때는 엄지와 검지로 복어살을 뒤쪽으로 접는다.
8) 접시에 담을 때는 시계 반대방향으로 돌려 담는다.
9) 국화 모양으로 돌려 담고 복어껍질, 복어꼬리, 미나리도 담는다.
10) 야쿠미와 폰즈를 곁들인다.

---

03 복어 죽
끓이기
• 시험시간 30분

1) 복어 뼈는 끓는 물에 데쳐 깨끗이 씻어 불순물이 없도록 준비한다.
2) 뼈에 다시마를 넣고 중약불에 서서히 육수를 끓인다.
3) 끓으면 다시마는 거져내고 조금 더 끓여 면보에 걸러 준비한다.
4) 복어 살은 잘게 다지거나 채 썬다.
5) 밥은 물에 씻어 놓는다.
6) 생표고버섯, 당근은 다지고 달걀은 풀어서 체에 내린다.
7) 육수에 씻은 밥을 넣고 끓이다가 썰어 놓은 복어살을 넣는다.
8) 당근과 표고버섯을 넣고 어울어지게 익으면 달걀을 넣는다.
9) 그릇에 담고 김 채를 올린다.

중식 일식 복어
조리기능사 실기시험문제

발 행 일	2023년 1월 5일 개정판 1쇄 인쇄
	2023년 1월 10일 개정판 1쇄 발행
저 자	정수빈·박선화 공저
발 행 처	크라운출판사 http://www.crownbook.com
발 행 인	이상원
신고번호	제 300-2007-143호
주 소	서울시 종로구 율곡로13길 21
공 급 처	(02) 765-4787, 1566-5937, (080) 850~5937
전 화	(02) 745-0311~3
팩 스	(02) 743-2688, 02) 741-3231
홈페이지	www.crownbook.co.kr
I S B N	978-89-406-4629-8 / 13590

특별판매정가 22,000원

이 도서의 판권은 크라운출판사에 있으며, 수록된 내용은
무단으로 복제, 변형하여 사용할 수 없습니다.
Copyright CROWN, ⓒ 2023 Printed in Korea

이 도서의 문의를 편집부(02-6430-7019)로 연락주시면
친절하게 응답해 드립니다.